Oscar Pistorius
con Gianni Merlo

# Dream Runner
## In corsa per un sogno

Prefazione di Candido Cannavò

Rizzoli

*Proprietà letteraria riservata*
© 2008 RCS Libri S.p.A., Milano

ISBN 978-88-17-02559-1

*Prima edizione: luglio 2008*

*Per l'inserto fotografico:*

*1-14 Foto private*
© *archivio famiglia Pistorius*

*15 Oscar Pistorius in allenamento*
© *Max Rossi/Reuters*

*16 Paralimpiadi Atene 2004, Oscar Pistorius e Marlon Shirley sul traguardo*
© *Louisa Goulimaki/epa/Corbis*

*17 Golden Gala Roma 2007, Oscar Pistorius dopo aver corso i 400 m*
© *Stu Forster/Getty Images*

*18 Golden Gala Roma 2007, l'abbraccio fra Oscar Pistorius e Stefano Braciola*
© *Stu Forster/Getty Images*

*19 Sheffield, 15 luglio 2007, Oscar Pistorius prima di correre i 400 m*
© *Michael Steele/Getty Images*

*20 Losanna, 30 aprile 2008, Oscar Pistorius davanti al Tribunale arbitrale dello sport*
© *Fabrice Coffrini/AFP/Getty Images*

*21 Milano, 16 maggio 2008, Oscar Pistorius con il suo manager, Peet van Zyl, durante la conferenza stampa in cui è stata annunciata la sua vittoria presso il Tas*
© *Piera Bossi/AGF*

Prefazione

# Sul podio «divino» dell'umanità

Un giorno non lontano i bambini del mondo, magari con l'aiuto di questo libro, conosceranno la favola di un bambino come loro, nato nella punta dell'Africa. Si chiama Oscar, è biondo e bello, ma senza gambe. Eppure sorride alla vita. Crescendo e guardando con i suoi occhi innocenti le cose che gli ruotano intorno, decide di diventare campione di corsa. E, tra lo stupore del mondo, tra sospetti di benpensanti e resistenze dei soliti uomini di potere, conduce con grande coraggio la sua battaglia. Non va da un mago, come avviene nelle favole antiche: si fa costruire in un'officina quelle due gambe che la natura gli ha negato. E comincia a correre veloce, ancor più veloce di molti suoi coetanei integri, muscolosi, preparatissimi. E a un certo punto pensa di poterli sfidare, da pari a pari.

Qui la grande tribù dei «normali» comincia ad avere paura di quel dissacratore che sta scalando la vita e trova nello sport una via di riscatto. Tentano di fermarlo. Fior di scienziati s'impegnano a cercare il trucco nascosto in quelle due buffe gambe artificiali, ma ogni tentativo è vano. Il mondo viene incantato da quel ragazzo e lo adotta con un consenso spirituale che piega quel terribile mostro chiamato Burocrazia. Oscar riacquista la sua libertà di correre con i coetanei di quel genere umano al quale appartiene. È un uomo anche lui, con qualcosa in meno, due gambe, e un grande, immenso patrimonio in più: la sua forza mentale, il suo coraggio, la sua fantasia.

La favola che i nonni si apprestano a raccontare sarebbe già stupenda se finisse qui, con questo simbolico trionfo di un ragazzo sudafricano senza gambe. Ma non si devono porre limiti alla provvidenza. Mi piace immaginare un seguito. Oscar ottiene in pista il diritto di partecipare all'Olimpiade che si celebra in Cina. E sale sul massimo dei podi: quello dell'umanità. Tutte le creature della Terra nate con qualcosa in meno o qualche refuso della Natura lo proclamano re: senza corona, naturalmente, ma con una semplice medaglia al collo, reale o immaginaria non importa. Di certo più preziosa di qualsiasi gemma.

Invitato a introdurre questo libro di Oscar Pistorius, ho scelto il tono della favola. Non per stravaganza letteraria, ma semplicemente per coerenza con la realtà: questa è una favola vera da raccontare con scrupolo cronistico, perché ogni dettaglio di verità sale sulle nuvole, viaggia in cielo e torna sulla Terra. Più conosci questo ragazzo, più lo segui, più scavi nel suo coraggio e più resti soggiogato dalla serena, semplice normalità che la Natura gli ha negato, ma lui ha saputo riconquistare. Favola moderna con un tocco di tecnologia in quelle gambe artificiali, ma favola eterna perché al centro c'è l'Uomo con le sue risorse infinite, molte delle quali inesplorate.

Chiunque abbia figli e nipoti – e io godo di questa fortuna – disegni nella mente e nel cuore la scena di un bambino che nasce tra mille sorrisi, ma presenta un grave difetto alle gambe. Ogni cura è vana: a undici mesi devono amputargliele dal ginocchio in giù. Quel bimbo è privato di una pagina di vita quasi sacra: i primi passi. Quel bambino non può correre verso le braccia della mamma. Quel bambino vede una palla, ma non può cedere all'istinto del primo calcio. Ma quel bambino è ripagato dalla Natura con una forza straordinaria della mente, con una fantasia divina, con un coraggio senza limiti. Ed esplora il mondo partendo dal suo handicap: io disabile sono capace di fare sport, di correre, di giocare persino a rugby, aiutatemi e vi dimostrerò che l'impossibile non esiste.

In questo clima di avventura estrema, Oscar non solo s'arrampica sulla vita, ma scopre di essere davvero un campione. All'ombra della sua prodigiosa carica mentale si sviluppa via via una fisiologia strettamente fisica nella quale cuore, muscoli, polmoni producono l'armonia dei predestinati. E la favola prende quota. Oscar è un simbolo, Oscar dà coraggio al mondo: a quelli come lui, partiti con un handicap, ma anche agli uomini e alle donne che hanno avuto tutto dalla Natura e bruciano tesori nel vuoto di una vita senza valori.

Corri ragazzo, corri. Non importa dove arriverai. Per noi hai già vinto. Siamo felici di averti aiutato e di volerti bene.

*Candido Cannavò*

Pretoria, giugno 2008

«*Chi perde davvero non è chi arriva ultimo nella gara. Chi perde davvero è chi resta seduto a guardare, e non prova nemmeno a correre*» *mi ha scritto mia madre in una lettera da leggere quando fossi diventato grande. Cinque mesi prima, a meno di un anno, avevo subito l'amputazione dei piedi.*

*Io ho sempre provato a correre. E a nuotare, a giocare a cricket e a rugby, a guidare l'auto e la moto. Ad avere una vita normale. A dire la verità, non penso mai a me stesso come a un disabile. Certo, ho dei limiti, come chiunque altro, e come chiunque altro ho anche un milione di talenti. È stata la mia famiglia a trasmettermi questa convizione, fin da piccolo. «Questo è Oscar Pistorius, esattamente come dovrebbe essere. È perfetto così com'è.»*

*Mio fratello, mia sorella e io siamo cresciuti con un principio: la frase «non ci riesco» non si dice mai.*

*Forse è proprio per questo che la mia vita è speciale. In questi anni, parlando con tante persone e leg-*

*gendo i loro messaggi, ho capito che il mio esempio può essere una fonte di ispirazione per chi, come me, ha un problema fisico ma non vuole arrendersi, ma anche per chi si trova ad affrontare ostacoli e difficoltà di natura diversa.*

*Così mi sono deciso a raccontare la mia storia; la storia di un bambino circondato dall'amore e dal coraggio della sua famiglia, di un ragazzo che ha dovuto sopportare il dolore più grande, la morte della madre, di un uomo che insegue un sogno: diventare un atleta. Non un atleta disabile, semplicemente un atleta.*

Oscar

# Impronte

Mi chiamo Oscar Carl Lennard Pistorius. Sono nato il 22 novembre 1986 nella clinica Sandton, a Johannesburg, in Sudafrica da Henke e Sheila Pistorius. Ero un bel bimbo di tre chili e trecento grammi, un peso già atletico ☺, ma alla nascita i miei genitori ancora non sapevano che mi mancava un osso importante: il perone, che insieme alla tibia sostiene la gamba tra il ginocchio e la caviglia. Anche i piedi erano malformati, mancava completamente la parte esterna. In altre parole, avevo solo due dita – l'alluce e l'indice –, le ossa interne e il tallone.

I medici non se ne sono accorti subito, il primo a rendersi conto che i miei piedini erano diversi è stato mio padre, e lui e mia madre hanno iniziato in quel momento, appena è stato chiaro che c'era qualcosa di «anormale», a fare domande, le prime di una lunga serie. A fare il possibile e l'impossibile per trovare una soluzione.

Mentre io di domande non ho mai avuto il bisogno di farne: a casa ho sentito cento volte la storia dei vari consulti che i miei genitori hanno fatto dopo la mia nascita. Era un argomento che non li imbarazzava affatto, ne parlavano anche di fronte a me e ai miei fratelli, fin da quando eravamo piccoli. Avevano moltissimi amici, la nostra casa era sempre piena di gente e se qualcuno si informava della mia situazione loro rispondevano chiaramente, senza tanti giri di parole, raccontando il pellegrinaggio che li aveva portati a chiedere un'opinione sul mio caso a medici diversi, approfondendo sempre più l'argomento e la loro stessa conoscenza del problema. Di una cosa sono sicuro: che non si sono lasciati scoraggiare da niente e da nessuno, anche se certamente quel periodo deve essere stato molto pesante per loro. Ma i Pistorius sono testardi!

La questione era molto complicata, e anche abbastanza rara: per come erano fatte le mie gambe alla nascita sembrava che non avrei mai potuto camminare, e sarei stato tutta la vita sulla sedia a rotelle. I miei genitori, però, hanno cercato in ogni modo di capire se esistevano altre soluzioni per potermi garantire un'esistenza il più possibile normale, e presto hanno iniziato a rivolgersi a specialisti in amputazioni. Ne hanno consultati addirittura undici.

Quando finivano la visita con un chirurgo gli chiedevano: «Se fosse suo figlio, e lei non potesse operarlo, da chi lo porterebbe?».

Così, muovendosi sulla fiducia degli stessi medici per i loro colleghi, hanno conosciuto persone straordinarie, specialisti molto seri e preparati e anche gente che, come dice mio padre, «non sapeva di cosa parlava».

Lui ormai aveva letto e sentito così tanto su questo argomento che riusciva a orientarsi piuttosto bene, e quando si è trovato davanti un chirurgo che, a differenza degli altri, gli proponeva un'amputazione troppo drastica (all'altezza del ginocchio anziché sotto, com'era logico perché potessi usare l'articolazione che funzionava perfettamente), semplicemente si è rifiutato di pagare la parcella. Anche questo è un comportamento «da Pistorius»: mio padre non gli perdonava la leggerezza con cui aveva dato opinioni incoscienti su un argomento così delicato (ed evidentemente lui stesso si rendeva conto di essere in torto, perché quando papà gli ha rimandato indietro la fattura, contestandogli addirittura le spese che *lui* aveva dovuto affrontare per andare a incontrarlo, non ha osato protestare!).

I miei genitori conservavano tutti i documenti, tutti i diversi pareri, perché erano ossessionati da cosa ne sarebbe stato di me e da cosa avrei potuto pensare della loro decisione, dunque ci tenevano a fare in modo che da adulto, se fossi stato scontento della mia situazione, avrei potuto rendermi conto con i miei occhi dei motivi per cui avevano scelto una strada invece di un'altra. Certo, in quel momento sono stati costretti a scegliere per me, e le proposte dei medici erano diverse tra loro. Capisco quanto devono essere stati difficili quei momenti per loro, che responsabilità pazzesca si sono ritrovati sulle spalle.

Qualcuno suggeriva di amputare solo il piede destro e provare a salvare e ricostruire il sinistro, che era messo un po' meglio dell'altro. Di tutti i chirurghi che avevano incontrato, i miei hanno selezionato i tre che erano sembrati più seri e affidabili e hanno chiesto loro di riunirsi per discutere il caso insieme unendo le forze. La fortuna ha voluto che uno dei tre fosse sudafricano. Era lui che mi avrebbe operato e che avrebbe avuto un ruolo importante nella mia vita, come medico e come amico: Gerry Versveld.

Lui sosteneva che, se avessero avuto il coraggio di accettare un intervento drastico e amputare entrambi i piedi finché ero ancora piccolo, avrei potuto imparare a camminare con le protesi e avrei avuto molti meno problemi. Procedendo all'amputazione subito, prima che cominciassi a camminare, non avrei mai provato la sensazione di stare sui miei piedi e non avrei mai subito il trauma di non sentirli più.

Gerry ha anche raccontato ai miei che aveva già fatto questo tipo di operazione e che i risultati erano stati molto buoni. Aveva parlato del mio caso anche a un congresso importante che si teneva in America e riuniva i più grandi specialisti in amputazioni del mondo: in questo modo aveva raccolto altre informazioni e pareri, e tutti consigliavano di scegliere l'amputazione bilaterale.

Ma la prova decisiva è arrivata quando i miei gli hanno chiesto di conoscere qualcuno dei ragazzi già operati per vedere come si muovevano, per avere un esempio di cosa poteva essere di me in futuro. E un giorno sono andati all'appuntamento, al Centro protesi di Pretoria: quante volte ho sentito il racconto del loro stupore quando si sono resi conto che il ragazzo che stavano aspettando era lo stesso che avevano visto correre poco prima nel giardino fuori dallo studio! Non pensavano che potesse essere talmente agile dopo un'operazione come quella, e invece lui, tutto tranquillo, si è seduto davanti a loro e ha raccontato la sua storia.

Proprio come alcuni medici avevano proposto per il mio caso, quel ragazzo, che allora aveva dodici anni, aveva subito da piccolissimo il primo degli interventi necessari per la ricostruzione. In qualche modo era riuscito a imparare a camminare, ma faceva fatica e si muoveva in modo così strano e scoordinato che i suoi primi due anni a scuola erano stati un incubo: tutti gli altri bambini lo prendevano in giro o si tenevano alla larga da lui, pensavano che fosse stupido, ritardato, perché camminava così storto. Nessuno gli parlava, non aveva amici ed era tristissimo. Poi i suoi genitori avevano conosciuto il dottor Versveld, e deciso insieme a lui di rinunciare alla ricostruzione e amputare entrambi i piedi. Dopo l'intervento, con le protesi, aveva iniziato a camminare tranquillamente, a fare sport, e dopo avere cambiato scuola aveva anche ricominciato da zero a farsi conoscere come un ragazzo perfettamente normale; ora stava benissimo ed era molto felice di questa decisione.

Penso che per i miei genitori quell'incontro sia stato decisivo nella scelta più di tutti i trattati di medicina letti in quei mesi e di tutti i consulti con i professoroni: avevano davanti ai loro occhi l'esempio vivente del ragazzo sano, allegro, sportivo e indipendente che sarei potuto diventare, del futuro che sognavano per me.

Così la decisione era presa. È stato Gerry a operarmi, quando avevo undici mesi. È una persona magnifica, un vero gentiluomo, e in questi vent'anni è diventato un caro amico per me e per la mia famiglia. Credo sia sinceramente fiero del suo lavoro, e io lo ringrazio con affetto. Il nostro rapporto è speciale, e mi ha fatto molto piacere che sia venuto a fare il tifo per me alle Paralimpiadi di Atene nel 2004.

Uno dei racconti preferiti di papà è quello del giorno del mio intervento.

Era fuori città per lavoro ma, nel mezzo di una riunione importante, si è alzato dalla sedia, si è scusato con tutti spiegando che in quel momento stavano amputando i piedi a suo figlio ed è scappato a prendere un aereo per venire da me. Quando è arrivato in ospedale (era già sera tardi, l'operazione era finita) mi ha sentito piangere con urla di dolore, non il solito pianto dei bimbi che hanno sonno o fame, allora ha iniziato a chiedere alle infermiere cosa mi avessero dato, se avevo preso la dose giusta di analgesico, e nessuna sapeva rispondere. Allora è riuscito chissà come a prendere la mia cartella clinica (tipico decisionismo dei Pistorius!), e si è reso conto che mi avevano dato uno sciroppo analgesico troppo leggero, perché non trovavano quello giusto. Così ha chiamato Gerry, che si è precipitato da casa, è piombato in ospedale con la giacca del pigiama e un paio di pantaloni della tuta, e deve avere fatto un tale casino che nei giorni successivi mi hanno trattato come un principino ☺.

A diciassette mesi ho avuto il primo paio di protesi. Erano fatte apposta per le mie gambe e per me erano supercomode. Da quel momento sono diventato invincibile, un selvaggio. Andavo a cercare i posti più incredibili per arrampicarmi o per correre, e via! Dovevo sfogare la mia carica vitale, e per me quelle erano le mie gambe, capaci di portarmi dappertutto.

Penso che in quel periodo si sia formata la mia personalità, e che sia stata la mia famiglia a gettare le fondamenta del mio carattere competitivo, dell'uomo che sono diventato. Quando sono nato, mio fratello Carl aveva diciotto mesi, ed era già chiaro che lui sarebbe stato il mio eterno diavoletto tentatore, capace di spingermi sempre fino al limite e poi oltre, come fa Buzz con Woody in *Toy Story*...

Ovunque andava, qualunque cosa faceva, io gli stavo dietro, e i nostri genitori, anziché fermarmi visto che ero un bambino che la gente poteva etichettare come «disabile», mi spingevano a sperimentare tutto quello che volevo, ogni tipo di giochi ed esercizio fisico. A ripensarci adesso, capisco che a volte deve essere stato difficile per loro lasciarmi tutta questa libertà, trattenere il loro impulso di farmi da scudo e frenarmi in situazioni in cui avrei potuto farmi male. Questo è sempre stato il loro atteggiamento durante la mia infanzia: mi hanno insegnato a essere indipendente, a difendermi e cavarmela da solo in qualsiasi contesto, anche se spesso e volentieri ci sarebbe stato di che scoraggiarsi.

A due anni ero veramente una piccola peste, con i miei riccioli biondi lunghi sulle spalle e corti davanti (un taglio che mi fa ancora vergognare quando rivedo le foto!); in quel periodo avevo le prime gambine artificiali con il piede di legno rivestito di gomma. Negli anni Ottanta i bambini non portavano le

Nike Total 90, ma io andavo molto ficro delle mie scarpine con Topolino che comunque mi sembravano molto fighe! Mi piacevano tantissimo e con quelle facevo mangiare la polvere a tante *takkies*, scarpe da ginnastica più serie.

Solo intorno ai tre anni ho iniziato a capire che i miei piedi erano diversi. Non mi ponevo il problema se fossero migliori o peggiori degli altri, semplicemente diversi. Al mattino Carl si metteva le scarpe e io in un attimo mi mettevo le protesi, per me era la stessa cosa. Avevo due paia di scarpe, quelle di Topolino per tutti i giorni e quelle buone per i giorni di festa: se per qualche motivo saltavo la messa una domenica, potevo stare due settimane di seguito con lo stesso paio. Lo so che sembra una cosa schifosa, ma in effetti mi fa ridere ancora adesso rendermi conto che posso mettere le scarpe cento volte di seguito e fanno sempre odore di nuovo... In fondo, non avere i piedi può dare anche qualche vantaggio.


Nel febbraio 1989 è arrivata Aimée, la nostra sorellina.

Mamma mi raccontava che, quando era ancora nel pancione, Carl e io non la mollavamo un attimo, volevamo già accarezzarla e litigavamo: «Qui dentro c'è mia sorella», «No, è *mia* sorella!», e che quando è nata ero ipnotizzato dai suoi piedini, e andavo a baciarglieli.

Ero piccolo, non sapevo dire il suo nome, e allora la chiamavo Gugu. Lei se ne stava nella sua culletta, io andavo lì e la salutavo: «Ciao, Gugu!», oppure le cantavo una canzone. Insomma la svegliavo sempre, lei si metteva a strillare e i miei dovevano nasconderla in qualche posto dove io non potessi disturbarla... Io non ricordo niente di quei momenti, ero troppo piccolo, ma sono cose che mamma ci raccontava magari per farci riappacificare quando ci vedeva litigare, per farci ridere. Per me Aimée c'è sempre stata.

Poi c'erano i cani. Uno per ciascuno, papà ci aveva permesso di scegliere quello che preferivamo. Carl aveva voluto un dobermann, Aimée un bassotto, io una pitbull americana di nome Vivian, che non era per niente aggressiva, anzi, a dirla tutta era veramente inutile, scema: dormiva tutto il giorno... E russava anche, fortissimo. Una volta mio padre l'ha registrata mentre dormiva, poi è andato da mia madre, le ha fatto sentire la registrazione e le ha detto: «Senti quanto russi, mamma». Il problema è che lei gli ha creduto, e si è comprata delle medicine, e un cuscino speciale per non russare. Era imbarazzatissima... E noi non le ab-

biamo mai detto che in realtà era il cane che russava. Quello che invece mio padre non ha mai saputo è che quel giorno, con la sua carta di credito, mamma aveva comprato quel cuscino speciale che costava una fortuna, forse l'equivalente di cinquecento euro di oggi!
Purtroppo Vivian dopo un po' di tempo è cambiata. L'abbiamo sorpresa ad aggredire una delle tartarughe che avevamo in giardino, e papà si è spaventato che potesse fare del male anche a noi. Così l'ha presa, l'ha portata dal veterinario e da quel giorno non l'ho più vista.

Per le vacanze di Natale tutta la famiglia partiva in macchina per passare l'estate nella casa al mare a Plettenberg Bay: ho ricordi confusi di quei lunghi viaggi, perché mio padre, da vero Pistorius con la testa dura, ci teneva a fare i milleduecento chilometri senza tappe intermedie; io soffrivo di mal d'auto e stavo malissimo. Certo, anche il fatto che nel *padkos*, il pranzo al sacco, papà metteva cose come il latte al gusto di banana o involtini al paté di pesce sicuramente andava bene per lui, perché gli piacevano, ma dal mio punto di vista non aiutava granché...
La situazione migliorava un po' a circa trecento chilometri da Plettenberg Bay, quando papà prende-

va una scorciatoia che passava tra due villaggi: era solo un viottolo impolverato in mezzo a due colline piuttosto alte, lungo un'ottantina di chilometri, ma per noi era il percorso del nostro rally annuale. Alla fine di quella strada sapevamo che era una questione di pochi minuti e avremmo iniziato ad avvistare l'oceano: il primo che lo vedeva vinceva il pezzo di cioccolato più grande che trovava tra le provviste. Aimée era piccolina ma è diventata subito la nostra campionessa di avvistamento. Certo, in effetti è capitato che lei urlasse: «L'ho visto!» a qualche svolta tra le montagne, e anche se Carl e io giuravamo che non si vedeva proprio niente, mio padre le dava ragione e la proclamava vincitrice. Sarà per il suo occhio di lince, sarà perché era buona e ubbidiente, ma non era un segreto per nessuno che Aimée era la cocca di papà, la sua principessina.

Anzi, papà diceva sempre a me e a Carl che dovevamo trattarla *da signora*: da piccoli, se eravamo in macchina con lui, lei aveva diritto al posto davanti e noi dovevamo stare dietro, le aprivamo la portiera... La viziavamo, la tenevamo in palmo di mano, perché era la piccolina e l'unica femmina. Se litigavamo papà ci chiedeva subito: «L'avete trattata da signora?» e noi (con la logica di bambini di sette, otto anni) eravamo entrati perfettamente in questo spirito da gentiluomini. Una volta l'avevo spinta, Aimée era corsa piangendo da papà, e io, serio serio, gli ho detto: «Papà, non è stata colpa mia, non si stava comportando da signora!».

Spesso andavamo via per il fine settimana, magari a fare un'escursione a piedi di due o tre giorni, e qualche volta c'era da camminare una ventina di chilometri; le regole erano uguali per tutti e tre. Ciascuno aveva il suo zainetto da riempire con cibi in scatola o in polvere, e potevamo scegliere quello che volevamo portarci, ma papà ci avvertiva che se prendevamo troppe cose e lo zaino fosse stato troppo pesante, lui e mamma non ci avrebbero aiutati: se ci stancavamo, dovevamo aprire le scatolette e mangiare. Però erano sempre attenti che Aimée riuscisse a tenere il passo, un po' preoccupati che si stancasse. Per me non si facevano di questi scrupoli: io me la cavavo benissimo, anzi, magari a un certo punto partivo lasciandoli indietro, mollavo lo zainetto al punto di arrivo e tornavo indietro a raggiungerli. Mi piaceva correre.

Ricordo che un'estate, a Plettenberg Bay, correvo su e giù per la spiaggia quando si sono avvicinati due bambini un po' più grandi di me e mi hanno chiesto perché lasciavo solo dei buchi sulla sabbia, anziché impronte di piedi.

E io: «Perché le mie impronte sono fatte così».

«Ah» hanno risposto loro, e hanno cominciato a venirmi dietro correndo sui talloni per provare a lasciare impronte uguali alle mie.

Quel giorno mi è sempre rimasto in mente: non ne ero ancora consapevole, ma è stato in momenti come quelli che ho capito che la gente ti vede esattamente nel modo in cui tu vedi te stesso. Io ero tranquillo, adoravo la spiaggia, il sole, quei giorni sereni d'estate.

Mi piaceva un sacco quando papà correva in macchina: la mia passione per le auto e le moto è nata il giorno stesso in cui sono nato, ne sono sicuro. La mia prima parola è stata «auto»... Sto scherzando, ma potrebbe anche essere!

Quando avevo circa tre anni, mia madre aveva una Ford Lazer rossa. Gill, la sua migliore amica, racconta sempre che, così piccolo com'ero, me ne andavo in giro tutto orgoglioso a dire che la mia mamma guidava una «for lather»: «per schiuma»...

Ero convinto che fosse la macchina più bella del mondo!

Ho ereditato questo amore per le automobili da

mio padre. Quando ero piccolo aveva una Mercedes sportiva rosso scuro, con gli interni in pelle. Mi piaceva da impazzire andare in giro con il tettuccio aperto. Ai semafori cercavo sempre di saltare sul sedile per mettere la testa fuori dal tettuccio, proprio come vedevo fare ai protagonisti dei film che se ne andavano in giro per New York sporgendosi da limousine pazzesche. Per me era il momento più bello della settimana. Papà era spesso via per lavoro, perciò era davvero un'occasione speciale passare un po' di tempo con lui.

Quando avevo quattro anni, papà ha comprato per me e Carl un piccolo fuoristrada blu da 60cc. Ci lanciavamo in discesa a tutta velocità!

Ne ero completamente innamorato: credo che, se me l'avessero lasciato fare, l'avrei parcheggiato di fianco al mio lettino e ci avrei dormito insieme!

Nei tre anni successivi Carl e io siamo diventati dei veri drogati di adrenalina con quel fuoristrada (e lui era peggio di me).

Avevo sette anni quando i miei genitori hanno divorziato e hanno messo in vendita la casa in cui eravamo cresciuti. Noi bambini siamo rimasti con mamma e ci siamo trasferiti in una casa più piccola giù in città, dove le nostre avventure a quattro ruote non erano più possibili. Un paio di volte al mese organizzavamo delle gite fuori città, così io e Carl potevamo scatenarci al volante, ma non ci bastava mai.

Un paio d'anni dopo mio padre si è trasferito nella tenuta di Honeydew, fuori Johannesburg. Lì finalmente avevamo tutto lo spazio che volevamo. Con il nostro fuoristrada andavamo in giro per i terreni dei vicini e sulle stradine non asfaltate che portavano al paese vicino, dove c'era anche un campo da calcio sterrato, pieno di erbacce e sassi. Qualche volta Carl e io andavamo lì per fare una partita con i ragazzi del paese, in mezzo a galline e capre che si aggiravano liberamente per il campo! Con quei ragazzi non sempre ci capivamo alla perfezione: noi a casa parlavamo (a volte anche mischiandoli) inglese, come la famiglia di mia madre, e afrikaans, come quella di mio padre, loro altre lingue (in Sudafrica se ne parlano, credo, undici diverse), ma in fondo non ne avevamo veramente bisogno. La voglia di giocare era più che sufficiente a superare le difficoltà di comunicazione.

Fra un tempo e l'altro della partita io e Carl portavamo i nostri nuovi amici a fare dei giri spaventosi in bici: avventurarci fra gli arbusti e fare i testacoda per noi era scontato. Il campo di calcio era abbastanza isolato: nei dintorni c'erano prati e capanne con il fumo che si alzava dai caminetti esterni.

Insomma, era un posto pacifico e tranquillo. Ben presto io e Carl ci siamo resi conto che era il luogo ideale per far volare gli aquiloni (alcuni li avevamo comprati, altri li avevamo costruiti noi). Al termine della giornata di giochi tornavamo a casa con il nostro fuoristrada. Se era Carl a guidare ci mettevamo la metà del tempo, però arrivavamo pieni di tagli e graffi rimediati grazie alle sue scorciatoie in mezzo agli arbusti. Niente ci poteva fermare.

## Freni fuori serie

La cosa che spesso rendeva la mia infanzia diversa, e per me faticosa, è che c'era sempre da fare con le mie gambe: se le protesi calzavano perfettamente, sapevo che dovevo godermi quel momento perché già dopo qualche settimana sarei cresciuto un po' e avrebbero iniziato a farmi male, a lasciarmi ferite sui moncherini, e insomma avremmo dovuto ricominciare daccapo a preparare le nuove.

I miei genitori erano estremamente attenti a queste cose, e solo in seguito ho capito il perché: Gerry Versveld aveva spiegato loro che per un amputato è molto pericoloso portare una protesi della misura sbagliata, possono formarsi delle vesciche nel punto di contatto e se le piaghe peggiorano bisogna amputare ancora. Questo rischio riguarda soprattutto chi come me ha subito l'amputazione delle due gambe, perché poggiamo sulle protesi il peso di tutto il corpo, a differenza di chi ha perso un braccio.

Ancora adesso sto molto attento, in particolare durante gli allenamenti: se mi viene una vescica o lo sfregamento mi fa sanguinare, devo fermarmi e lasciar riposare la gamba. Anche per questo Gerry ha voluto amputare il meno possibile: così, nel caso avessi avuto problemi in seguito, avrei avuto almeno un margine per un eventuale intervento ulteriore. Se i miei genitori avessero dato retta a quel medico che voleva amputare le mie gambe sopra al ginocchio, avrei corso davvero un grosso rischio per il futuro.

La durata media delle protesi era di qualche mese, quando non le distruggevo prima giocando o arrampicandomi da qualche parte. Ogni volta che dovevo cambiarle c'era da aspettare ore e ore mentre prendevano le misure, le provavano, le aggiustavano, finché non erano perfette. In quegli anni la tecnologia era lontana dai livelli attuali e le protesi erano di gesso e fibra di vetro con un piede di legno e una suola di gomma. Erano davvero pesantissime.

Avevo forse quattro anni quando ho realizzato per la prima volta che le gambe artificiali potevano anche avere qualche vantaggio rispetto a quelle normali. E ho capito la differenza.

Un pomeriggio ero incollato al mio videogioco preferito e Carl stava giocando con il go-kart che nostro zio, il suo padrino, gli aveva costruito durante le vacanze di Natale. Quella macchinina era il suo orgoglio, il suo «tesoro», l'avrebbe difesa a costo della vita e non permetteva a nessuno di avvicinarsi, figuriamoci farci un giro! Lo zio l'aveva fatta con delle barre di metallo e una cassetta di alluminio che faceva da sedile. Aveva attaccato le ruote al telaio con un bullone e legato una corda a ciascuna delle ruote anteriori, per sterzare.

Vivevamo a Johannesburg, in una casa in cima a una collina, con una vista magnifica e una stradina che scendeva dritta fino a valle. Come dicevo, quel pomeriggio me ne stavo tranquillo per i fatti miei con il mio videogioco quando Carl è entrato in soggiorno e si è messo a fissarmi, zitto zitto, per un bel po'. Sempre senza dire una parola, a un certo punto si è avvicinato, mi ha preso per mano e mi ha portato sul vialetto d'ingresso, dove il suo fiammante go-kart rosso e blu ci aspettava. Nemmeno nei miei sogni più arditi avrei mai sperato che mi facesse salire sul suo gioiello, invece, con mia grande sorpresa, mi ha invitato a sedere dietro di lui, si è messo alla guida, ha tirato la corda di destra e via, giù per la discesa.

Il go-kart non aveva i freni, così di solito Carl andava in picchiata per cinquanta o sessanta metri, poi si accostava al bordo della strada per perdere velocità, si fermava e risaliva portandolo a rimorchio. Ma quel giorno abbiamo superato il solito punto di arrivo. Me lo ricordo come fosse ieri: pensavo che stessimo sfidando le leggi della fisica. L'avevo guardato tante volte quando scendeva dal vialetto, ma mai come adesso le ruote traballavano, mentre andavamo giù, giù, giù... Cento metri, centocinquanta, duecento... Stavamo volando!

Ci avvicinavamo sempre di più, e sempre più veloci, al muretto che in fondo recintava la via, e devo ammettere che se c'è stato un momento, nella mia vita, in cui ho creduto di attraversare il famoso tunnel di luce abbagliante, è stato proprio quello. Stavamo per schiantarci contro quel muro. Ma improvvisamente Carl mi ha afferrato una gamba con la mano, e in un attimo l'ha piazzata in mezzo alle ruote: nello spazio di venti metri abbiamo fatto una frenata perfetta, fulminea, come se avessimo avuto dei freni Brembo!

Il povero Topolino stampato sulle mie scarpine e

di cui andavo tanto fiero aveva perso mezza faccia, ma è stato un modo incredibile di imparare che le protesi, che spesso mi facevano penare, a volte potevano essere veramente utili!

Ho vissuto molte esperienze curiose, soprattutto quando c'erano di mezzo bambini che non erano abituati ad avere a che fare con gambe come le mie.

Una volta Carl e io eravamo seduti nel bellissimo recinto di sabbia che ci aveva costruito nostro padre. Lì dentro potevamo giocare con le macchinine, costruire strade, gallerie, ponti e dighe, che mi piacevano più di tutto il resto: andavo matto per i giochi con l'acqua. Insomma, eravamo là a giocare quando sono arrivati altri due bambini, i figli della segretaria di mio padre, che erano venuti a passare la giornata con noi. Non li conoscevamo molto bene. E non so cosa sia preso a uno di quei due, un momento di follia, ha afferrato un pezzo di legno...

Io e Carl avevamo sempre in giro pezzi di legno e cose del genere, perché eravamo sempre impegnati a costruire qualcosa, facevamo i piccoli ingegneri: leggevamo un libro sugli aeroplani, poi guardavamo le mappe sull'atlante illustrato e decidevamo che avremmo costruito un aereo per viaggiare in tutto il mondo. Oppure che avremmo costruito una chiatta per navigare lungo il Rio delle Amazzoni (la zattera l'abbiamo costruita per davvero, e papà ci ha portati alla diga per provarla: peccato che, non appena l'abbiamo messa in acqua, sia subito affondata...).

Quel bambino si era accorto che le mie gambe erano diverse, ma non riusciva a capire esattamente *in che modo* fossero diverse. Noi abbiamo cercato di spiegargli che erano protesi, ma lui non ci ha creduto. Così, d'impulso, ha preso quel pezzo di legno e mi ha tirato una botta violentissima sulle gambe. Erano ancora di gesso e fibra di vetro. Sono andate in mille pezzi. Si sono spezzate proprio all'altezza della caviglia: il piede di legno, l'articolazione, tutto è volato via.

Quando ha visto quello che aveva combinato, il bambino che mi aveva dato la bastonata è scoppiato in un pianto disperato. Credo che per lui sia stato un trauma terribile, era convinto di avermi staccato un piede, perché sulla sabbia c'era il piede da una parte e la gamba dall'altra. Era tutto in pezzi e lui non riusciva a capacitarsi di quello che aveva fatto.

Mia mamma lo ha sentito piangere, in piena crisi isterica, ed è uscita di corsa, convinta che fossimo stati noi a spaventarlo: poi però ha visto la gamba staccata, e allora lo ha sgridato moltissimo. Lei era molto affettuosa, ma sapeva essere anche severa, seppure in modo diverso da mio padre. Mio padre era autoritario, lei invece entrava in agitazione.

All'inizio anch'io mi ero arrabbiato con quel bambino, ma quando ho visto che piangeva mi sono sforzato di consolarlo: «Va tutto bene, non mi hai fatto male, non preoccuparti, non è niente, in fondo è solo una gamba...».

A ripensarci adesso, capisco perché mia madre se la prendesse tanto in quelle situazioni: quelle gambe costavano un mucchio di soldi e si spaccavano continuamente, ne rompevo una quantità impressionante.


Mio padre era completamente diverso. Pretendeva da noi assoluta disciplina sulle cose a cui teneva, mentre in altri momenti ci lasciava fare, ci dava piena fiducia, anche quando non avrebbe dovuto... ☺
Una volta mi hanno dovuto portare d'urgenza in ospedale perché mi ero fatto davvero male. Dovevo avere sei o sette anni e con i miei fratelli ci eravamo messi in testa di preparare una torta. Mamma non era in casa, così abbiamo chiesto il permesso a papà. Lui era occupato: «Sì, fate pure una torta» ha risposto.

Mio padre è fatto così: volete fare una torta? Allora fatela, che problema c'è? Non si preoccupa mai di niente. Secondo lui i bambini possono fare qualunque cosa.

Naturalmente non conoscevamo la ricetta, ci siamo limitati a imitare quello che avevamo visto fare alla mamma, buttando insieme ingredienti a casaccio. La nostra idea era di cuocere la torta in una pentola, così Carl, che era il «grande», ha acceso il fornello e ha chiesto a me, che facevo l'aiutante, di prendere la farina. Io stavo seduto sul bancone, non avevo nessuna voglia di scendere sul pavimento per risalire dall'altra parte, così ho pensato bene di passare sopra il piano cottura, che era di quelli con i fornelli elettrici e il pianale di vetro, e mi sono ustionato i moncherini. Credo di non averle prese solo perché mi ero fatto male davvero, quel giorno.

In realtà da piccolo avevo già molti problemi ai moncherini anche senza andarmi a cacciare volontariamente e incoscientemente nei guai. Le protesi mi facevano venire non solo le vesciche, ma anche dei neurofibromi. Le terminazioni nervose crescevano, ma non avevano spazio per svilupparsi, e quindi comparivano dei fibromi. Allora i moncherini diventavano ipersensibili e non potevo più muovermi.

In certi periodi non potevo uscire per tre, quattro mesi di fila, non andavo nemmeno a scuola. Studiavo a casa, da solo. Non ho mai amato la scuola come in quei giorni...

Come ho già raccontato, quando avevo circa dieci anni, e i miei erano separati già da un po', mio padre, dopo aver cambiato varie case, ha deciso di trasferirsi in campagna, in una fattoria fuori Johannesburg.

All'ingresso della tenuta c'era un piccolo cancello nero, proprio all'imbocco della strada sterrata che portava fino alla casa. Questa lunga striscia di terra polverosa era costeggiata da enormi piante di jacaranda cariche di fiori viola. La casa era piccola, bianca e verde, molto simile a una fattoria. Quando l'ho vista la prima volta non immaginavo che quel posto sarebbe diventato il teatro di mille avventure.

Uno dei motivi per cui la tenuta mi piaceva così tanto era che lì io e i miei fratelli avevamo a disposizione tutto lo spazio del mondo per girare con il nostro fuoristrada blu, per correre, per tirare palle da golf in tutti gli angoli del giardino. La proprietà di papà era estesa e aveva una forma a L: circondava la casa e arrivava fino alla strada asfaltata.

Ogni secondo weekend del mese andavamo a trovarlo e spesso portavamo degli amici con noi. Una volta, d'estate, io e il mio amico Craig abbiamo deciso di costruire una casa sull'albero. Gli avevo detto: «Craig, voglio che sia la casa sull'albero più grande del mondo! Deve avere un cavo su cui scorrere per scendere, come se fosse un ascensore. Così la possiamo lasciare senza passare per ogni piano. E di piani ne deve avere molti...!».
Gli ho annunciato questa idea come se fosse la cosa più naturale del mondo, e con la stessa semplicità lui mi ha risposto: «Cerchiamo l'albero più grosso del giardino: su quello costruiremo il nostro castello».
Così siamo corsi fuori e ci siamo incamminati lungo la strada alla ricerca dell'albero giusto. E l'abbiamo trovato: era un'enorme jacaranda, che stava fra il viale e la recinzione della tenuta. Ci siamo subito messi a scrivere una lista delle cose che ci servivano:

- un martello (che avrebbe spappolato parecchie dita durante l'impresa)
- dei chiodi (che avrebbero provocato altri danni alle povere dita)

- delle assi di legno
- una scala a pioli (da cui ovviamente saremmo caduti più di una volta)
- un cavo metallico di cinquanta metri (che, come abbiamo scoperto in seguito, avrebbe dovuto essere ben più grosso e robusto)
- una carrucola a cui tenersi mentre si scivolava sul cavo
- una scala di corda da poter ritirare
- un cartello con la scritta «Accesso vietato alle femmine» (assolutamente indispensabile!)

Ci abbiamo messo due giorni per recuperare tutto il materiale necessario, impresa che ci ha «costretti» anche a fare un'incursione in un cantiere lì vicino per prendere qualche asse. Armati del nostro raffinato progetto di architetti di dieci anni, abbiamo cominciato la costruzione dell'ottava meraviglia del mondo. È filato tutto liscio come l'olio fino a un certo punto dei lavori, diciamo.

Eravamo invincibili, o per lo meno ci sentivamo così.

Il primo piano, dei molti previsti dal progetto, era stato completato abbastanza in fretta: una piattaforma di circa due metri per un metro e mezzo.

Eravamo molto orgogliosi di noi stessi! La piattaforma stava più o meno a quattro metri da terra e, anche se entrambi ci dicevamo a vicenda che era perfetta, in realtà ci rendevamo conto benissimo che non era esattamente parallela al suolo, ma non lo avremmo ammesso mai e poi mai.

Secondo noi, da quel primo livello la nostra costruzione poteva solo crescere. Per prima cosa abbiamo inchiodato altre assi a un grosso ramo, poi abbiamo costruito una scaletta per salire al «piano superiore». La seconda piattaforma doveva essere più alta e più larga della prima! Facevamo su e giù dalla scala per prendere altre assi e altri chiodi e a ogni viaggio, praticamente senza eccezioni, rischiavamo di volare dalla scala o dalla nostra piattaforma sbilenca, facendo cadere metà della roba.

La sera del terzo giorno di lavoro avevamo finito la seconda piattaforma e, grazie all'esperienza acquisita costruendo la prima, era venuta proprio un capolavoro. Misurava più o meno due metri e mezzo per tre, e si trovava ad almeno sei metri da terra (con un'inclinazione inferiore ai cinque gradi!).

Eravamo molto fieri della nostra abilità di costruttori e ci facevamo grandi complimenti a vicenda. Quella notte io e Craig abbiamo preso la solenne decisione che da grandi saremmo diventati ingegneri, e avremmo costruito i grattacieli e i ponti più importanti del mondo.

La mattina del quarto giorno abbiamo stabilito che il terzo piano della casa poteva aspettare e che ci saremmo dedicati alla realizzazione dell'ascensore a cavo (in pratica, una rudimentale funicolare). Ci siamo arrampicati fino alla seconda piattaforma poi, usando delle tenaglie, abbiamo fatto passare un capo del cavo da cinquanta metri attorno al tronco della pianta, cercando di arrivare più in alto che potevamo, e lo abbiamo stretto al massimo perché non si allentasse, rischiando di farci cadere.

Abbiamo lanciato a terra l'altro capo e siamo scesi per cercare un altro albero a cui fissarlo, chiaramente nel raggio di quaranta metri, la lunghezza del cavo, ma non c'erano alberi a portata di mano... Avevamo misurato male la distanza fra il nostro albero e quello al quale pensavamo di allacciare l'ascensore-funicolare. Era circa a quarantadue metri: peccato che non avessimo calcolato che il cavo avrebbe dovuto essere perfettamente teso, cosa che le nostre forze non ci avrebbero mai consentito... Siamo rimasti lì seduti e scoraggiati per un po', finché non mi è venuta un'idea veramente geniale. Tutto quello che dovevamo fare era prendere il vecchio pickup Land Rover di mio padre, portarlo sotto il nostro albero, legare bene l'estremità del cavo alla barra del cassone posteriore, guidare per una quarantina di metri perché il cavo si tendesse bene e parcheggiare la macchina lì. L'albero su cui stavamo costruendo la casa si trovava nella parte più alta della tenuta, e il terreno lungo il quale dovevamo guidare era in discesa, quindi eravamo convinti che tendere il cavo sarebbe stato un gioco da ragazzi. Ci sentivamo come gli antichi Egizi alle prese con la costruzione delle Piramidi!

Le due piattaforme erano finite, la funicolare-ascensore era installata e la scala di corda srotolata. Guardando l'insieme da terra sembrava proprio un capolavoro.

A quel punto Craig mi ha detto: «Ehi, Oz, vai tu a provare per primo la funicolare. Così vediamo se funziona bene!».

L'ho guardato e gli ho risposto: «Ah, grazie amico, ma guarda che se vuoi salire tu per primo, per me fa lo stesso, davvero».

Siamo rimasti in silenzio per un po'.

Poi tutti e due abbiamo esclamato nello stesso momento: «Certo che è proprio alto! Sei sicuro che il cavo regge?».

Nessuno dei due voleva salire per primo: il cavo

stava ad almeno sei metri e mezzo dal suolo e per di più la carrucola sembrava arrugginita.

Per tutto il tempo in cui io e Craig avevamo lavorato alla casa sull'albero Aimée (che aveva circa otto anni) ci aveva rotto le scatole perché voleva a tutti i costi fare qualcosa anche lei e partecipare al nostro progetto «solo per maschi». Tutto d'un tratto abbiamo pensato che, in fondo, non era poi così fondamentale che il progetto fosse strettamente riservato ai maschi e che, anzi, Aimée poteva avere un ruolo molto utile nella fase di collaudo e messa a punto finale. Così siamo andati a cercarla e le abbiamo spiegato la nostra idea.

Era talmente felice che avessimo deciso di coinvolgerla che non le è passato neanche per la testa il sospetto che noi due avessimo troppa paura per lanciarci, né che fosse quello l'unico motivo per cui l'avevamo chiamata.

Siamo tornati di corsa alla casa sull'albero e, una volta sulla piattaforma più alta, abbiamo dato istruzioni ad Aimée: «Devi solo tenerti forte al gancio della carrucola. Non lasciarlo mai andare, guarda che sei in alto!».

Lei aveva paura che le sfuggisse la presa così, per sicurezza, con un cordino le abbiamo legato il polso sinistro a quella specie di maniglia. Era arrivato il momento di compiere «l'enorme balzo per l'umanità» dal bordo della piattaforma, fuori dalla grossa chioma viola della jacaranda e verso la vecchia Land Rover che aspettava quarantacinque metri più in là. Ci è venuto in mente di legare alla maniglia un'altra corda che avremmo tenuto noi a terra, in modo da poter tirare di nuovo il trabiccolo verso la casa sull'albero, pronto per il prossimo giro.

Aimée era pronta al lancio, più o meno, e con una «piccola» spinta di incoraggiamento da parte mia e di Craig si è buttata. Sembrava che avesse spiccato il volo, eravamo eccitatissimi!

Purtroppo è qui che la grande impresa è naufragata. Quando Aimée aveva percorso circa dieci metri (sempre a un'altezza di almeno cinque metri dal suolo), la carrucola arrugginita si è bloccata e lei ha perso la presa della maniglia: all'improvviso si è ritrovata a penzoloni nel vuoto, legata solo per il polso.

Craig e io siamo scoppiati a ridere, mentre lei continuava a strillare che non avrebbe mai dovuto dar retta a due stupidi come noi. Siamo scesi di corsa dalla piattaforma e, tirando la seconda corda, quella che pendeva a terra, abbiamo cercato di liberarla. Dopo qualche minuto che se ne stava appesa in quel modo la mano di Aimée era diventata cianotica, ma alla fine siamo riusciti a tirarla giù. La povera cavia non ha fatto in tempo a toccare terra che Craig era già corso via per cercare dell'olio con cui ungere la carrucola, e cinque minuti dopo eravamo già pronti per un nuovo tentativo. Io dovevo trascinare indietro il gancio fino a Craig che aspettava sulla piattaforma in preda all'adrenalina. Siamo andati avanti così tutto il pomeriggio, e al tramonto eravamo esausti.

Il mattino dopo abbiamo ripreso subito il nostro gioco ma sul più bello, mentre Craig si trovava per aria, più o meno a metà percorso, il cavo si è spezzato e lui è caduto. È finito proprio su una pietra e gli sono saltate via due unghie del piede. C'era sangue dappertutto, ma questo era l'ultimo dei nostri problemi: il vero disastro era che la Land Rover era così vecchia che il freno a mano non aveva più tenuto, e l'auto aveva cominciato a muoversi giù per la discesa.

Craig si è rialzato subito e tutti e due ci siamo lanciati all'inseguimento, lui zoppicante e con un piede sanguinante e io con le mie pesanti protesi: non avevamo nessuna possibilità di raggiungerla, anche perché la Land Rover stava prendendo velocità. È andata a fermarsi nei cespugli, contro la recinzione.

A quel punto abbiamo pensato bene che fosse meglio riportare indietro noi stessi il vecchio pickup, invece di andare in casa a chiedere aiuto a mio padre. La cosa però si è rivelata molto più complicata del previsto. Mi sentivo più che esperto al volante, dato che avevo alle spalle ben due mesi di pratica di guida in giro per il giardino, ma in quel momento la mia sicurezza ha vacillato. Abbiamo lottato con la macchina per almeno mezz'ora, mentre le dita dei piedi di Craig diventavano sempre più livide, ma alla fine i nostri sforzi sono stati premiati. Siamo riusciti a tirarci fuori dai cespugli e a guidare fino a casa, dove abbiamo chiesto a mio padre di medicare il piede di Craig, che era «inciampato in una pietra nel prato». In fondo non era poi così lontano dal vero, no?

Per quanto riguardava il nostro progetto della funicolare, quel giorno abbiamo deciso di prenderci un po' di tempo per mettere da parte i soldi per comprare un cavo decente.

In compenso la Land Rover, che ci aveva fatto da gru, sarebbe stata la grande protagonista dei nostri fine settimana in campagna per un sacco di tempo.

Era un vecchio pickup bianco degli anni Sessanta che lo zio Leo aveva prestato a papà, e su cui ho imparato a guidare, quando avevo poco più di nove anni. Mi ricordo perfettamente il giorno in cui siamo arrivati a casa di papà e l'abbiamo vista per la prima volta parcheggiata sotto un albero. Subito mi sono detto che era arrivato il momento di imparare a guidare, non potevo più aspettare. Carl e io ci siamo messi a cercare le chiavi e poco dopo stavamo già andando in giro per il giardino con la Land Rover. A malapena arrivavamo a vedere oltre il cruscotto!

Gli interni erano vecchi e consumati, ma il motore funzionava ancora a meraviglia e faceva un suono – dulug-dulug-dulug – che non dimenticherò mai. Ben presto ho cominciato a tormentare Carl, che era già bravissimo al volante (per me era il più grande pilota del mondo ☺), prendendolo a pugni sulle costole e supplicandolo di insegnarmi a guidare.

Lui ha fermato l'auto e si è messo a spiegarmi come funziona la frizione: quando premi il pedale il motore viene scollegato dalle ruote e si può cambiare marcia, le marce più basse danno maggior ripresa. Concetti che mio padre ci aveva già ripetuto un sacco di volte. Terminata la lezioncina, ha lasciato libero il posto di guida. Mi sono precipitato a prendere il volante. Però ero troppo piccolo per riuscire a vedere qualcosa fuori, quindi sono corso in casa a prendere un cuscino: anche se era distante almeno cento metri, credo di averci messo meno di dieci secondi ad andare e tornare. Una volta sistemato il cuscino sotto il sedere riuscivo almeno a vedere oltre il cruscotto e, se stavo seduto proprio sul bordo del sedile, che assomigliava piuttosto a una panca, riuscivo anche ad arrivare ai pedali con le mie protesi.

La frizione era dura e il volante veramente rigido, perciò era molto faticoso per me schiacciare il pedale per ingranare la marcia. C'erano un sacco di cose da tenere a mente tutte insieme. Sono riuscito a mettere in moto e ho lasciato andare la frizione più lentamente che potevo... Un momento dopo quel gigante di metallo ruggente ha fatto un balzo in avanti. Stavo ufficialmente guidando una vera automobile, da solo! E adesso?!?

Fino a quel momento non avevo pensato a cosa avrei fatto dopo essere partito, mi ero concentrato solo sul fatto che il volante era molto duro da girare. Mio fratello non dubitava minimamente delle proprie capacità come istruttore di guida e se ne stava seduto pacificamente sul sedile di fianco, con il braccio appoggiato al bordo del finestrino e il vento in faccia. Vederlo così mi rendeva ancora più nervoso: continuavo a guidare intorno al nostro terreno, cercando disperatamente di tenermi alla larga dagli alberi e dai mucchi di sabbia, mentre Carl, forte della sua esperienza, si godeva tranquillamente il panorama e al massimo lanciava un: «Controlla il retrovisore», e io: «Ho controllato».

E subito dopo, sbam! Retromarcia dentro un muro di mattoni...


Devo dire che in moto me la cavavo molto meglio. ☺ D'altra parte, ho avuto la mia prima moto a soli quattro anni: ovviamente era una moto a pedali, ma per me era un bolide! Quando abitavamo ancora nella casa in collina, a Johannesburg, c'era un dislivello tra il pianterreno e il seminterrato. Ci si arrivava scendendo una scala senza ballatoio, solo una rampa che dava sul cemento nudo, e i gradini erano molto ripidi, con un'inclinazione credo di trenta gradi. Io mi stendevo di pancia sulla moto e mi buttavo giù dalle scale urlando, mi piaceva da impazzire! Mamma mi ha sgridato un migliaio di volte, ma non ha ottenuto alcun risultato: appena potevo, lo rifacevo. Alla fine, rassegnata, se n'è uscita dicendo semplicemente che non voleva più «vedermelo» fare. E da allora in poi si è girata a guardare dall'altra parte.

Ci sono cose per le quali le mamme non sono portate. Cose da maschi.

## La principessa e il pugile

Quando è arrivato il momento di iscrivermi a scuola, i miei genitori hanno deciso di mandarmi alla Constantia Kloof Primary School, dove già andava Carl, invece di sceglierne una per bambini disabili.

Solo adesso che ho viaggiato tanto mi rendo conto della fortuna che ho avuto a crescere in Sudafrica, dove in tutte le scuole le attività sportive e all'aria aperta sono considerate altrettanto importanti di quelle che si svolgono in classe e si dedica un sacco di tempo all'educazione fisica. Già in prima mi sono letteralmente innamorato di tutti gli sport che si potevano praticare (anche se devo ammettere che in alcuni riuscivo meglio che in altri ☺).

Uno di questi era il cricket. Mi prendeva un sacco, come capita a quasi tutti i ragazzi in Sudafrica.

Probabilmente una delle ragioni per cui mi piaceva era perché non ho mai avuto bisogno di indossare quegli scomodi gambali di protezione, come succede agli altri, e anche perché non sono mai stato eliminato per aver fermato irregolarmente la pallina con una gamba... Il battitore che lo fa viene penalizzato, io no, per ovvie ragioni.

Durante gli anni della Constantia Kloof ho giocato tanto anche a calcio e a tennis. L'atletica invece non mi faceva impazzire. Ho provato il salto in alto, nelle gare scolastiche, ma con le protesi pesanti che portavo a quei tempi facevo fatica a scollarmi da terra, mentre me la cavavo molto meglio nel salto in lungo. Ero più dinamico. Carl faceva nuoto, invece io lo trovavo noioso, allora.

Mamma ci ha sempre incoraggiati a fare molta attività sportiva, sia quelle della scuola, sia altre che ci piacessero. Nel mio caso ci teneva soprattutto che sperimentassi discipline diverse, per trovare quella in cui mostrassi un talento particolare e che potessi continuare anche dopo la scuola, per conto mio. Il tennis, per esempio, era perfetto e così mamma mi faceva fare lezioni extra con un istruttore privato, al di fuori dell'orario scolastico.

Anche papà teneva molto allo sport, anzi, era fissato con la ginnastica. Io e i miei fratelli avevamo diritto a una mancia settimanale, ma dovevamo guadagnarcela con piccoli lavoretti: dare da mangiare ai cani o altre cosette e soprattutto fare ginnastica. Era uno dei nostri compiti. L'allenamento fisico ha fatto parte della nostra vita da sempre: ciascuno di noi aveva i propri bilancieri personali, fin da quando avevamo quattro anni. Piccoli, da mezzo chilo, e poi sempre più pesanti mano a mano che crescevamo. Se papà si allenava con i pesi, lo facevamo anche noi. Oppure le flessioni, il salto con la corda, gli esercizi per gli addominali... Se riuscivi a fare un certo numero di flessioni, ti guadagnavi una mancia: più flessioni o addominali, più soldi.

Anche mio nonno, suo padre, faceva regolarmente esercizio fisico. Ancora adesso è un fanatico del fitness: ha novantun anni compiuti ed è appena tornato da un viaggio in giro per l'Europa. Ha una palestra in casa, dove fa ginnastica tutti i giorni. Un uomo straordinario.

Insomma, in famiglia siamo sempre stati spronati a essere fisicamente attivi.

Il primo sport che ho praticato a livello agonistico è stata la lotta greco-romana: papà aveva ottenuto un'autorizzazione dalla federazione dilettanti perché potessi combattere indossando le protesi, che ovviamente non erano un problema perché (a differenza della lotta libera) le prese sono solo sul busto e sulle braccia. Ho iniziato a sei anni. Mi piaceva davvero tanto, forse perché ero abituato a giocare in modo molto «fisico» con Carl. Mio fratello era il dominante, ma io volevo dimostrargli che non ero sottomesso, che potevo stare allo stesso livello. Era una questione di rispetto, di sopravvivenza.

Ed è stata la lotta a farmi conquistare la prima medaglia sportiva della mia vita. La prima volta fa un effetto strano essere premiati. Senti l'emozione, l'orgoglio, il piacere di vedere i genitori e gli amici che ti applaudono: il tuo mondo in un abbraccio. Però bisogna anche dire che quella sensazione così forte poi ti fa diventare «dipendente»: da lì in poi hai il bisogno forte di provarla ancora. È come una droga buona, positiva e non ne puoi più fare a meno. Ho continuato con la lotta per un anno e mezzo ed è stato divertente. Le protesi mi hanno anche aiutato un poco, perché erano pesanti e in certi momenti ero ancorato a terra meglio dei miei avversari.

La cosa buffa è che, se c'era uno sport che non mi piaceva, era proprio la corsa. Anzi, praticamente la odiavo.

La nostra scuola una volta all'anno organizzava la giornata dell'atletica, e TUTTI erano obbligati a partecipare.

Le protesi che usavo da bambino, come ho detto, erano molto pesanti, perciò correre a lungo per me era difficile e faticoso. Qualche volta mi facevano proprio male. Così ogni anno, quando si avvicinava quella giornata, io tiravo fuori il diario, facevo la punta alla mia matita preferita e, sfoggiando la mia miglior calligrafia, scrivevo:

*Gentile signora...* (mi rivolgevo a una maestra diversa ogni anno),
*Oscar da un paio di giorni ha l'influenza e stamattina quando si è alzato aveva il capogiro. L'ho mandato a scuola comunque, ma credo che sarebbe meglio se non partecipasse alle gare di atletica di oggi. Povero piccolo.*
*Grazie per la comprensione.*
*Cordiali saluti,*
*Sheila Pistorius*

E chiudevo la giustificazione falsificando in maniera perfettamente credibile la firma di mia madre.
Eppure, guarda un po', ogni anno venivo smascherato, la maestra telefonava a mia madre per informarla, così, quando tornavo, mi beccavo anche una bella ripassata!

I primi anni di scuola, ho partecipato anche a varie gare di triathlon, che comprende tre specialità: nuoto (600 metri), corsa (5 chilometri) e ciclismo (20 chilometri). Facevo parte di una squadra, sempre la stessa ogni anno, con i miei amici Kaylem e Deon. Con Deon avevo fatto amicizia un paio d'anni prima, quando avevamo sette anni, ci piaceva andare a pesca insieme. Ciascuno di noi concorreva in una disciplina: a me toccava la prova di ciclismo e mi impegnavo al massimo per vincere ☺.

Nell'ultimo anno siamo riusciti ad arrivare primi in una delle categorie juniores! Un trionfo.


Nella squadra femminile c'era una principessa: Faryn Martin. Abitava nella mia stessa via e i nostri genitori si conoscevano. Era bionda, con grandi occhi azzurri, molto sportiva. Giocava a calcio con i ragazzi, era un vero maschiaccio, una matta: adesso fa parte della Nazionale sudafricana di hockey su prato.

Mi sono innamorato di lei dal primo momento in cui l'ho vista, e una volta, per San Valentino, le ho regalato una rosa rossa. Gliel'ho data e, subito dopo, sono scappato di corsa, morivo per l'imbarazzo... Avevo otto anni! Da piccolo ero talmente timido che, dopo la storia della rosa, non ho più avuto il coraggio di rivolgerle la parola per mesi.

Man mano che crescevamo ero sempre più cotto di lei: era la ragazza più bella del mondo! ☺ È durata fino ai tredici anni, credo. Passavamo moltissimo tempo insieme. Andavamo al cinema, a pattinare, ci tenevamo sempre per mano. Poi però mi sono trasferito a Pretoria e ho cambiato scuola. Ci siamo tenuti comunque in contatto, le voglio molto bene ancora adesso. È una ragazza davvero speciale. Si è sposata lo scorso ottobre con un bravissimo ragazzo, un ottimo rugbista.

Me la porto addosso, perché mi ha letteralmente lasciato un segno sulla pelle. Avevo circa dieci anni, stavamo giocando a calcio, a scuola, e il campo finiva con una staccionata. Stavo correndo e lei mi è saltata sulla schiena. Sono finito a sbattere contro le protezioni e un filo di ferro mi ha tagliato la coscia. La cicatrice si vede ancora ma, siccome mi fa pensare a Faryn, ogni volta che la guardo mi viene da sorridere.

Ed è sempre per lei che, a nove anni, ho fatto a pugni per la prima volta con un «rivale in amore», il mio amico Ashton. Devo ammettere che le ho prese, però Ashton è stato fortunato. Infatti, non molto tempo dopo, ho avuto un altro litigio serio con due bambini che si erano messi a prendermi a spintoni durante una festa scolastica, dove erano presenti anche i miei genitori. Mio padre sul momento non è intervenuto, ma quella sera a casa mi ha portato dal nonno, che era stato un campione di pugilato, e mi ha detto: «Adesso sei grande e devi imparare a difenderti da solo».

Il nonno mi ha messo davanti al sacco e mi ha iniziato alla boxe: destro, sinistro, destro, sinistro...

Mia madre, invece, mi insegnava altre tecniche molto più sofisticate per difendermi dai bambini che mi prendevano in giro. Mi suggeriva come rispondere alle persone curiose, che mi facevano domande sulle mie gambe. Mi invitava a essere aperto sulla questione e a usare, se necessario, il senso dell'umorismo.

Così, quando gli altri bambini mi chiedevano delle mie gambe, io raccontavo che erano speciali, comprate da Toys'R'Us, e concludevo dicendo che forse, se i loro genitori fossero riusciti a mettere da parte abbastanza soldi, potevano regalarne un paio anche a loro. Oppure mi piaceva dire che era stato uno squalo a mangiarmi i piedi. A Plettenberg Bay era successo che qualcuno fosse assalito dagli squali, e a noi bambini queste storie paurose piacevano tantissimo. E in spiaggia, mentre costruivamo castelli di sabbia, o scavavamo buche insieme agli altri bambini, c'era sempre qualcuno che appena mi allontanavo (perché provava paura o imbarazzo in mia presenza, chi lo sa) chiedeva a Carl di raccontare l'attacco dello squalo che mi aveva divorato le gambe...

Carl era sempre con me: il mio eroe, il mio modello, e credo che ce la mettesse proprio tutta per proteggermi, in ogni modo.

Una sera, in vacanza, avrò avuto poco più di dieci anni, mi ha beccato in un locale mentre ballavo sul palco, a torso nudo, e con una sigaretta tra le dita. In quel periodo lui fumava tantissimo – è buffo, adesso è praticamente allergico al tabacco – ma si è precipitato, mi ha trascinato giù e mi ha fatto una vera lavata di capo (gli vengono benissimo anche ora, le prediche ☺): «Cosa credi di fare? Non devi fumare! Non dovrai mai fumare. Che ci fai qua? Vai subito a casa!» mi ha urlato.

Lui sentiva che quello era il suo ruolo, il fratello maggiore, ma io non sopportavo che mi dicesse cosa fare. E poi, a pensarci bene, se io avevo dieci anni lui ne aveva dodici. Che ci faceva *lui* in quel locale?

In compenso, Carl non mi abbandonava neanche nei pomeriggi di una noia mortale nello studio dello specialista di protesi, dopo la scuola. Le lezioni finivano all'una e mezza, e andavamo direttamente là, arrivando alle due e mezza. Mia mamma restava lì quasi sempre per tre ore, per assicurarsi che le nuove protesi fossero perfette, che andasse tutto bene, che il calco fosse corretto. Seguivo con attenzione come facevano le impronte di quella parte superiore in cui poi infilavo i miei moncherini. Alla fine facevo la camminata di prova per verificare che fosse tutto a posto oppure per spiegare cosa non andava.

Mio fratello era attentissimo, perché è pignolo, un vero Pistorius, ed è diventato un tale esperto che a un certo punto era lui a indicare i difetti ai tecnici. Aveva imparato a individuare i problemi, gli bastava guardare il mio modo di muovermi per capire se le protesi erano adatte o se avevano qualche imperfezione che mi poteva procurare delle vesciche.

Stavamo sempre insieme, e lui era il primo con il quale mi sfogavo se qualcosa non andava. Giocavamo e gli dicevo: «Qui la gamba mi fa male, la protesi sfrega in questo punto, qui».

Spesso erano cose che capiva anche senza che

gli dicessi niente. Eravamo ancora piccoli, e l'operazione di mettere e togliere le protesi era complicata, ma era diventata una routine quotidiana. Carl controllava sempre che avessi lavato le calze, se no me le lavava lui. Mi ricordava di mettere il borotalco.

Mi faceva sempre la predica: «Lava le calze, Oscar, metti il borotalco sui moncherini, devi averne cura, sono loro che ti permettono di camminare».

E io mi infuriavo: «Non dirmi quello che devo fare!».


Altre volte invece il venerdì mamma ci veniva a prendere a scuola, ci chiedeva com'era andata la giornata, e poi ci portava da qualche parte per il fine settimana. Era sempre una sorpresa. Salivamo in macchina, pensando di tornare a casa, ma lei imboccava l'autostrada.

«Dove stiamo andando?»

«Andiamo in montagna, alle Dragensberg!»

Noi sapevamo che in realtà non se lo poteva permettere, ma lei metteva i soldi da parte, risparmiava per un po' apposta per portarci.

Nel corso degli anni la mia famiglia ha vissuto situazioni economiche molto diverse, e io la considero una fortuna: io e i miei fratelli abbiamo imparato ad avere un senso di responsabilità rispetto al denaro, anche se nostra madre cercava di proteggerci da queste preoccupazioni e al massimo si confidava un poco con Carl. Mio padre era diverso, poco incline a condividere la responsabilità finanziaria con noi bambini.

Credo che la nonna paterna sia stata di grande aiuto dal punto di vista finanziario. Da piccoli abitavamo in una casa davvero enorme e quando, dopo il divorzio dei nostri genitori, abbiamo traslocato in una casa più piccola (anche se in realtà era comunque grande rispetto alla media!), per come eravamo viziati, quasi ci vergognavamo a invitare gli amici. Un appartamento ci sembrava il colmo della miseria, ai nostri occhi solo i poveri abitavano in un appartamento. Le persone normali stavano in un cottage, in una villetta. Anche mia madre era stata cresciuta così, un po' viziata: veniva da una famiglia ricca. Ma le cose cambiano.

Insomma, le nostre pietre di paragone, per capire che cosa significasse davvero essere in difficoltà, in un primo momento erano molto sproporzionate. Nel corso degli anni abbiamo imparato a stare attenti a tutto. Se avevo un allenamento e finivo prima di Carl, che invece aveva lezione di informatica, ci aspettavamo a vicenda, o facevamo a turno, per non fare la strada due volte. Pianificavamo le nostre giornate insieme, per non far sprecare inutilmente soldi in benzina ai nostri genitori.

Mamma si impegnava moltissimo. A volte mio padre attraversava dei periodi neri in cui il lavoro gli andava male, e dietro le quinte era lei a fare in modo che si arrivasse a fine mese. Credo che la nonna paterna sia stata di grande aiuto dal punto di vista finanziario.

Quando eravamo piccoli mamma non lavorava, aiutava un po' mio padre ma sostanzialmente stava con noi. Ma dopo il divorzio, e la bancarotta di mio padre, le cose si sono messe molto male. Lei ha preso un impiego part-time, che in realtà era a tempo pieno, ma il suo orario di lavoro cominciava talmente presto, alle sette, che finiva alle due. Quindi in sostanza era occupata solo di mattina, perché voleva avere tempo a disposizione per stare a casa con noi, che eravamo ancora piuttosto piccoli. In quei periodi di difficoltà economica non dev'essere stato semplice stare dietro anche alle mie gambe. Mia mamma, però, si prodigava molto per assicurarmi comunque l'assistenza migliore, trovare gli specialisti più qualificati. Ricordo il giorno in cui ho avuto le prime protesi con il piede sagomato, che aveva persino le dita: mamma ha preparato una torta speciale, per festeggiare le mie prime dita dei piedi!

Lei rendeva tutto divertente, il suo atteggiamento era sempre positivo. Era una donna molto spiritosa e ottimista. Ci trasmetteva principi importanti, fin da piccoli. Ci ha insegnato, per esempio, che gli abiti firmati non hanno nessuna importanza. La persona più elegante del mondo può mettere gli abiti più miseri, e stare benissimo. La persona più ricca del mondo può mettere gli abiti più eleganti e griffati, e fare schifo. Ci ha insegnato che non sono gli abiti a fare la differenza, ma come li indossi. Piccole cose, ma le ricordo con affetto perché è stata lei a insegnarcele.

Quando ci portava a comprare dei vestiti nuovi, e potevamo permetterci solo un capo a testa, ci ripeteva sempre che i soldi non comprano la classe. E magari a me toccavano un paio di calzoncini firmati ed era una festa, anche se i miei amici erano griffati da capo a piedi. Anche se potevamo permetterci solo negozi economici, ci divertivamo ogni volta. Mamma riusciva a trasformare ogni uscita in una festa, in un'avventura: «Guarda, questo è un affare, starebbe benissimo con quest'altra camicia!».

Era molto creativa, aveva sempre un sacco di idee entusiasmanti per farci fare qualcosa di nuovo senza spendere troppo: dalle vacanze, alle feste di compleanno, ai nostri vestiti... E ha sempre partecipato molto attivamente a tutto quello che ci riguardava: ha anche fatto parte del consiglio scolastico, e non sembrava quasi fare fatica, perché aveva un grande carisma, un carattere molto forte. Nella sua vita ha superato periodi complicati, difficoltà di tutti i generi, ma sempre con una forza e uno spirito speciali. Lo stesso spirito con cui ha saputo insegnarci molte cose positive.

A volte ho la sensazione che sia ancora al mio fianco, e quando mi prende un po' di nostalgia rileggo i suoi bigliettini. Ce li metteva nel sacchetto del pranzo da portare a scuola. Li conservo ancora. A scuola aprivo la cartella e trovavo un suo messaggio: «Siete i miei ragazzi, e vi adoro, mamma», cose così, parole bellissime, di incoraggiamento. Oppure versi di una poesia, o una citazione delle Scritture.

Era molto credente, frequentava la chiesa e i parrocchiani sono state tra le tante persone che hanno avuto un'influenza positiva nella nostra vita. Poi c'era la famiglia, sia quella della mamma sia quella di mio padre. Tra la nonna paterna e mia mamma c'era un rapporto come tra madre e figlia. Erano molto legate.

Quando i miei genitori hanno divorziato, hanno cercato di mettere la serenità di noi figli al di sopra dei loro problemi e si sono impegnati a mantenere un buon rapporto. Ci sono state grosse difficoltà economiche che loro credevano di riuscire a tenerci nascoste, ma noi, come tutti i bambini, avevamo delle antenne sensibilissime e ci rendevamo conto di tutto. Però non abbiamo mai sentito mamma parlare male di papà, né lui di lei.

Noi stavamo con mamma, ma non c'erano regole precise su quando potevamo vedere papà. Se avevamo voglia di andarlo a trovare, bastava dirlo, e lei ce lo permetteva. Se sentivamo la sua mancanza, potevamo telefonargli anche alle tre del mattino. Per lei era normale, considerava naturale che sentissimo nostalgia di nostro padre. Sono sempre rimasti amici, parlavano sempre con affetto l'uno dell'altra. Siamo sempre rimasti una famiglia, in fondo.

Le uniche occasioni in cui venivano a galla certi problemi si verificavano quando avevamo a che fare con i parenti più lontani, e capitava che qualcuno dicesse: «La colpa è di tuo padre», oppure: «La colpa è di tua madre».

Erano problemi da cui noi eravamo stati tenuti fuori, e quelle persone non avrebbero dovuto parlarne, non erano affari loro. Ma, si sa, capita spesso che qualcuno si senta in diritto di sputare sentenze.

E poi credo che i nostri genitori abbiano davvero fatto di tutto per non farci mancare niente, persino nei periodi neri: posso dire che non hanno smesso di viziarci. Mio padre ci ha comprato addirittura una piccola barca a motore perché potessimo fare sci nautico. Lo considerava un suo dovere di genitore. Certo, adesso mi rendo conto che la sua idea dei doveri paterni qualche volta era un po' bizzarra...

Ovviamente, appena abbiamo messo le mani sulla barca, Carl e io ci siamo messi a fare delle gare sul fiume. Ci sfidavamo: proviamo a vedere se si riesce a portare la barca fin là, girare qui, virare in questo punto e disegnare un otto senza toccare la sponda e senza scuffiare...

Un paio di volte, insomma, abbiamo rischiato grosso anche con la barca.

Un giorno ci siamo distratti e siamo quasi finiti in mezzo a due natanti molto più grandi, sul fiume Vaal: abbiamo rischiato di incagliarci tra una barca e la cima dell'ancora dell'altra. Stavamo andando molto veloci, tanto per cambiare, e abbiamo seriamente rischiato di capovolgerci e finire in acqua.


Mamma ci faceva ridere. Ci ha insegnato a vedere sempre il lato divertente della vita, a essere estroversi, a fare amicizia con le persone.

Con Neil Stevenson è andata così, per esempio.

Neil era un campione di surf, il terzo della classifica mondiale, un vero mito per noi ragazzi, e mamma era riuscita a convincerlo – e per lei non era stato difficile, era veramente molto affascinante – a portarmi in mare sulla sua tavola. Ci incontravamo ogni anno, stavamo sempre insieme. Poi, nel 1998, uno squalo lo ha attaccato e prima gli ha strappato una gamba, sotto il ginocchio, poi è tornato indietro e gli ha azzannato metà dell'altra. I medici gli hanno dovuto amputare una gamba sopra il ginocchio, perché era andata in cancrena, mentre l'altra sono riusciti a salvargliela.

È stato un episodio veramente sconvolgente, da film dell'orrore: dopo l'attacco dello squalo Neil ha dovuto nuotare per duecento metri per raggiungere la spiaggia, senza più le gambe. Era molto tardi, per cui in acqua non c'era più nessuno che potesse aiutarlo, e Neil ha dovuto fare tutto da solo. Solo sulla spiaggia si è capita la gravità della situazione. Ha rischiato la vita.

Siamo ancora molto amici con Neil, e forse il fatto di avermi conosciuto ha contribuito a dargli la forza di non arrendersi e di continuare a impegnarsi nello sport anche dopo l'amputazione, tanto da diventare campione sudafricano di *paddle-skiing*: lo sport in cui si cavalcano le onde seduti su una tavola da surf, controllandola con i movimenti del corpo e con l'aiuto di una pagaia.

D'altra parte, se c'è una cosa fondamentale fra tutte quelle che mia madre mi ha insegnato, è che non bisogna mai dire: «Non ci riesco».


I miei genitori ci hanno sempre insegnato che, se qualcosa merita di essere fatto, vale la pena di farlo come si deve. Noi Pistorius avevamo il senso della competizione vera, non perché fosse un problema arrivare secondi, ma perché cercavamo sempre di dare il massimo dell'impegno.

Ricordo che papà fin da piccolissimi ci portava a fare le gare sui go-kart. Naturalmente lui teneva meglio la strada perché era più pesante, ma la sua difficoltà era nel tagliare le curve. Ci ho messo anni per capire che se volevo sorpassarlo dovevo sfruttare le curve e, a furia di provarci, ci sono riuscito. Perché lui di certo non ci lasciava vincere apposta!

Papà mi incoraggiava molto anche a competere con i miei amici. Fino a dodici anni circa ero piuttosto veloce anche sui moncherini, e quando non portavo le protesi in certi movimenti ero anche più agile, per esempio ero velocissimo nella torsione, nel ruotare su me stesso. (Allora ero molto più leggero, naturalmente. Adesso sarebbe un problema, perché il mio peso è troppo gravoso per la pelle sotto i moncherini, anche se lì mi hanno trapiantato quella più spessa dei talloni.) Quindi papà organizzava le gare con cinque o sei ragazzini, mettendo in palio la fetta di torta più grande o cose del genere, con la sfida di correre verso un muro, voltarsi e tornare indietro. Io mi sfilavo le protesi, schizzavo, arrivavo al muro, mi giravo come un fulmine, tornavo indietro e vincevo sempre. ☺

# L'attimo fuggente

Quando è arrivato il momento di iscrivermi alle superiori, i miei genitori hanno detto che potevo scegliere la scuola che preferivo. La decisione era mia. Fino ad allora avevo sempre vissuto a Johannesburg, quindi ho pensato che mi sarebbe piaciuto andare più lontano, imparare nuove tradizioni, incontrare persone nuove. Johannesburg e Pretoria non sono lontane, ma sono città molto diverse. A quel punto si trattava di decidere se frequentare una scuola o un collegio.

Ne ho visitati un po' e poi ho scelto la Pretoria Boys High School, un collegio maschile. A quel punto Carl, che stava in un'altra scuola, l'ha lasciata per venire al collegio con me. Mio padre aveva frequentato l'istituto rivale, che sta proprio di fronte, un collegio afrikaaner, il Pretoria Affis, il mio invece era inglese (e molto meglio del suo ☺!).

Ho frequentato la Pbhs dal 2001 al 2005, dai quattordici ai diciotto anni.

La Pretoria Boys High School è stata fondata nel 1901 e ha una tipica struttura da college inglese. Ha un viale d'ingresso molto ampio, fiancheggiato da pini enormi. Gli edifici hanno un aspetto maestoso e imponente, danno una certa soggezione. Naturalmente, anche alle superiori lo sport continua ad avere un ruolo fondamentale nell'educazione scolastica, e la Pbhs è uno degli istituti più prestigiosi anche da questo punto di vista. Ci sono sei campi da rugby, uno da cricket gigantesco a cui se ne aggiungono due normali, una grande pista di atletica con un campo da hockey in erba sintetica al centro, dotato di fari per le partite notturne. Poi due piscine, una per il nuoto e l'altra per la pallanuoto, circa dieci campi da tennis e sei da squash. C'è persino un poligono di tiro. Tutto è immerso nel verde: nel parco ci sono soprattutto jacarande e pini davvero enormi. Gli studenti sono millecinquecento, di cui circa quattrocento interni che vivono nel collegio, centocinquanta per dormitorio.

Al collegio mi sono trovato subito bene. Credo che la gente ti veda come ti vedi tu. Se mi vedessi come disabile, anche gli altri mi tratterebbero così. Ma si accorgono subito che mi considero perfettamente normale, quindi mi trattano normalmente. Ed è successo così anche alla Pbhs.

Il primo giorno è successa subito una cosa divertente. All'arrivo dovevamo presentarci all'ingresso, tutti in piedi. C'era un ragazzo accanto a me. Non conoscevo nessuno, e quindi nemmeno lui.
«Ciao, io sono Oscar.»
«Ciao, mi chiamo Chris.»
Faceva caldo, e l'uniforme scolastica per l'estate era camicia, pantaloncini corti e calzettoni. Quindi le mie gambe erano in bella vista. Chris mi ha chiesto cosa mi fosse capitato e gli ho spiegato tutta la faccenda del perone. Dopo un po' il preside ha fatto il discorso di benvenuto e poi ci ha invitati tutti fuori sul campo, all'aperto. E Chris, preoccupato per me, ha detto: «Vuoi che ti aiuti con la cartella?».
Temeva che non fossi in grado di portarla da solo.
A casa mia nessuno si era mai offerto di aiutarmi in queste cose, me l'ero sempre cavata da solo. Co-

sì, un po' spiazzato, ho risposto: «Certo, se ci tieni, perché no?».

E per tre settimane è andata avanti così: ogni giorno gli davo la mia cartella con tutti i libri, e lui se la portava dietro proprio in quel periodo in cui in collegio ci sono i riti di iniziazione, ti fanno correre da tutte le parti, su un viale che sale per circa seicento metri sulla collina. Le aule sono tutte separate, lontanissime l'una dall'altra, bisognava andare avanti e indietro mille volte al giorno... E ogni volta lui mi portava la cartella. Finché un giorno mi ha visto correre, perché ero in ritardo, con una borsa da ginnastica molto pesante. Ha capito tutto, e mi ha mandato a quel paese... Ma da quel momento siamo diventati grandi amici, e lo siamo tuttora. Ancora oggi, quando accenno a quella faccenda, mi tira un pugno. Era anche molto più gracile di me, fisicamente, ma mi sembrava ci tenesse tanto, perciò perché deluderlo? ☺


Però la storia di Chris l'ho pagata eccome: sono diventato anch'io il bersaglio di scherzi, anche pesanti.

Il primo anno si dorme tutti insieme in uno stanzone. Ventisei brande di ferro, ventisei armadietti di ferro, come una camerata dell'esercito. E c'è un capocamerata, che cambia periodicamente. Una mattina il capo di turno mi sveglia, scuotendomi: «Alzati, alzati!!».

Prima di dormire, toglievo sempre le gambe e le lasciavo appoggiate accanto al letto; la mattina, quando mi svegliavo, infilavo le protesi e cominciavo la mia giornata. Ma quel giorno mi sono svegliato e ho visto fuoco dappertutto. Gli altri ragazzi gridavano e scappavano fuori ancora in pigiama. Quello che mi aveva svegliato continuava a gridare: «Fuori tutti, c'è un incendio nel dormitorio, bisogna uscire subito!».

Allora ho guardato accanto al letto, ma le mie gambe non erano dove le avevo lasciate la sera prima. E non riuscivo a trovarle. Ho guardato dappertutto, ma non c'erano. Mi ha preso il panico, vedevo gli altri che scappavano e pensavo che sarei rimasto indietro e sarei morto nell'incendio... Stavo per mettermi a piangere. Ma, dopo dieci secondi, l'incendio si è spento come per magia e gli altri sono tornati tutti nella stanza ridendo come matti... Era solo uno scherzo: avevano spennellato gli armadietti di ferro con il liquido degli accendini, poi avevano appiccato il fuoco. Il ferro però non brucia, così le fiamme si erano spente da sole poco dopo. I miei compagni mi avevano portato via le gambe apposta. Secondo loro, era stato uno scherzo simpaticissimo. Giochi di questo genere facevano parte dell'«accoglienza» in collegio, e io venivo trattato esattamente come gli altri: nessuno mi ha mai considerato diverso.

Questo per dimostrare che, se affronti la tua situazione con umorismo, anche gli altri si adegueranno. Io però quella volta me l'ero quasi fatta addosso dalla paura... Stavo per mettermi a piangere e loro ridevano come matti.

Altre volte hanno fatto in modo che venissi punito. Ogni mattina suonavano tre campanelle. Dopo la prima, avevi venti minuti di tempo per presentarti in mensa per la colazione, cioè venti minuti per lavarti, vestirti e scendere. Alla seconda campanella ne restavano dieci. E alla terza avevi solo cinque minuti di tempo.

Io mi svegliavo solo all'ultima e i miei compagni lo sapevano.

Ogni mattina al primo squillo mi giravo dall'altra parte e continuavo a dormire. Al secondo continuavo a dormire. Al terzo dovevo per forza alzarmi e prepararmi in fretta, ma qualche volta scoprivo che mi avevano nascosto le gambe, magari nell'armadietto di qualcuno, e dovevo dannarmi per trovarle. Così facevo tardi, mi toccava correre come un matto, e finivo in punizione. Erano bei tempi! Si facevano scherzi di ogni tipo... Il sacco alle lenzuola, cose così. Nessuno poteva stare tranquillo. ☺

È normale: metti centoquindici ragazzi sotto un tetto, è inevitabile che ne succedano di tutti i colori. Certo, alcuni di questi scherzi possono sembrare troppo pesanti, ma anche queste esperienze mi hanno aiutato a sentirmi come gli altri, a inserirmi nel gruppo.

Nelle prime settimane, tempo di matricole, si imparano i riti della scuola, le tradizioni. Devi mandare a memoria la disposizione degli edifici, tutti i nomi delle persone, dei compagni e degli insegnanti. In un mese devi adattarti a tutto, iscriverti alle attività sportive e tutto il resto. È un periodo molto stressante. Però il collegio è troppo divertente. C'è sempre qualcosa di nuovo, sei sempre con i tuoi amici.

Il venerdì, di notte, si usciva insieme dal dormitorio: andavamo a sdraiarci nei campi o sul bordo della piscina, a chiacchierare, o giocare a pallanuoto nudi. Cose così.

A volte qualcuno faceva entrare la sua ragazza da fuori. Bisognava fare tutto di nascosto, naturalmente, e questo era parte del divertimento. Due di noi avevano l'incarico di distrarre gli insegnanti di turno che controllavano il dormitorio, mentre le ragazze parcheggiavano la macchina da qualche parte, dove non si vedesse. Qualche volta venivano beccate dalle guardie all'ingresso. Era come una missione segreta.

Il sabato sera restare al collegio era sempre fantastico. Ci si chiudeva in una camera ad ascoltare musica, si beveva un po', qualcuno fumava, non sempre si trattava di tabacco. Asserragliati in una stanza, quando avremmo dovuto dormire...


I colori della Pretoria Boys sono verde, rosso e bianco.

La scuola ha una Hall of Fame, la stanza dei trofei, dove sono appese le liste dei suoi campioni: vengono distinti attraverso i colori d'onore che puoi ottenere per i voti nelle materie accademiche o nello sport. Ci sono tre categorie: Half Color, a cui hai diritto se appartieni alla prima squadra per un anno, Full Color, se sei in prima squadra per due anni e Honors, se arrivi alla squadra nazionale e gareggi per il Sudafrica. Il Full Colors ti dà il diritto di portare sulla giacca dell'uniforme fasce più larghe di rosso e verde. Quando arrivi alla categoria Honors, ti danno una cravatta bianca e uno stemma da portare sulla giacca. Io mi sono guadagnato

Full Colors nel 2004 e Honors nel 2005. Ovviamente per lo sport ☺.

L'organizzazione interna ha ai vertici i prefetti, cioè l'élite degli studenti, una trentina di ragazzi che frequentano l'ultimo anno. Sono i «capi» della scuola, incaricati delle attività di raccolta fondi, per esempio, o dell'organizzazione degli eventi. Inoltre ogni prefetto è responsabile di un gruppo di ragazzi di una particolare fascia di età. Ci sono dieci dormitori e a ciascuno viene assegnato un minimo di tre prefetti, anche se in realtà il numero cambia a seconda degli anni. I prefetti godono anche di qualche concessione speciale perché hanno già dimostrato di sapere obbedire alle regole, quindi per loro non sono rigide come per gli altri.

I principi fondamentali che ci hanno trasmesso alla Pretoria Boys High School erano il rispetto, le tradizioni, la buona educazione. Una vera scuola inglese d'altri tempi! Il concetto era che se rispettavi le norme di condotta principali, cioè le tradizioni della scuola, automaticamente non avresti poi commesso infrazioni in altri ambiti. Così diventava naturale avere cura di se stessi, del proprio abbigliamento. È raro alla Pretoria Boys vedere un ragazzo con le scarpe sporche o le calze arrotolate alle caviglie, la camicia fuori dai pantaloni o la cravatta storta: perché gli studenti sono fieri della loro scuola, dell'uniforme. Ti insegnano a essere orgoglioso del tuo istituto e della sua storia.

Tutti i giorni, alle cinque e mezza, un ragazzo sale sulla torre e intona l'*Ammaina bandiera*, un antico rito che deriva dall'educazione militare. Quando senti la tromba, qualunque cosa tu stia facendo, uno sport o altro, ti devi fermare sull'attenti, con una mano sul cuore e restare in silenzio per due minuti mentre viene ammainata la bandiera. Ogni mattina, invece, c'è la cerimonia dell'alzabandiera.

Capitava a volte che alle cinque e mezza fossi nel vivo di una partita, magari contro la squadra di un'altra scuola: sentivi suonare l'ammaina e ti fermavi immediatamente, lasciavi cadere la palla e ti mettevi sull'attenti. Persino gli studenti delle altre scuole conoscevano questa tradizione e avevano imparato a rispettarla: fermavano il gioco anche loro. Se eri nel mezzo di un incontro di pallanuoto, lasciavi la palla, saltavi fuori dalla piscina e ti mettevi sull'attenti sul bordo. Appena finito l'ammainabandiera, ti rituffavi e riprendevi la partita.

Le squadre che incontravamo erano come la nostra, appartenevano alle dieci, dodici migliori scuole del Sudafrica dal punto di vista sportivo. Quindi conoscevano le nostre tradizioni e le rispettavano. Si mettevano sull'attenti anche loro, senza portarsi la mano sul cuore, perché non appartenevano alla nostra scuola, ma restavano in silenzio.

Alla Pretoria Boys alcuni professori ci lavorano da una vita e magari prima di te sono stati gli insegnanti di tuo padre. Sono scuole con una lunga storia. Ciascuna ha un suo «grido di battaglia», che viene cantato o urlato quando si fa il tifo per la propria squadra durante una partita. Ti insegnano il rispetto degli anziani e per te stesso. In aula devi mantenere una certa disciplina, devi studiare.

L'obiettivo della Pretoria Boys non è tanto sfornare ragazzi molto istruiti, ma gentiluomini.

Cercano di farti rendere conto che non sei più un ragazzino, che ti devi preparare a diventare un uomo e ad assumerti delle responsabilità, verso te stesso e verso gli altri. Credo che questo sia molto più importante che limitarsi a sgobbare sui libri.

Nella maggior parte delle scuole non sono più permesse le punizioni corporali, ma qualche volta alla Pretoria Boys facevano finta di non accorgersene. Il controllo della disciplina, in realtà, era affidato ai prefetti. Quindi se un allievo fa qualcosa di sbagliato, chiamano il prefetto e se ne occupa lui: gli insegnanti gli danno fiducia, sanno che non abuserà del potere che gli è stato concesso. Se la faccenda è particolarmente grave è possibile che intervenga il rettore, ma solitamente della gestione disciplinare si occupano gli studenti stessi.

All'inizio dell'anno scolastico ci hanno fatti partire per un fine settimana di campeggio, per i riti della matricola riservati agli studenti del primo anno. Ce ne hanno fatte passare di tutti i colori: gridavano, ci svegliavano nel cuore della notte a secchiate d'acqua. Un ragazzo aveva una gamba rotta ma è stato ugualmente scaraventato in piscina, perché aveva sbagliato le parole dell'inno. Cose pazzesche!

Piangevamo tutti, volevamo tornare a casa. Gli studenti più grandi ci urlavano in faccia: «Ti credi adulto? Pensi di essere un uomo? Qui devi stare attento: se trasgredisci le regole, vedrai cosa ti capita!».

A quell'età ero mingherlino, quei ragazzi mi sembravano dei giganti: pesavano ottanta, cento chili, erano enormi.

Ero terrorizzato, piangevo. Dovevamo superare un percorso a ostacoli. C'era una prova, che si svolgeva di notte: ti davano una bussola e dovevi trovare una postazione nel mezzo del bosco, da solo, magari a una distanza di cinque, sei chilometri.

Sono tradizioni che altre scuole non hanno. Mi rendo conto che possono apparire eccessive, ma secondo me hanno davvero un lato educativo. Anche se a volte era dura, imparavi a diventare sveglio e in fretta.

Prima ancora del campeggio c'era il rito della «passerella sul tavolo».

La Hall of Fame, la sala con le iscrizioni d'onore, un tempo era la sala da pranzo della scuola. Ci sono panche di legno e tavoli lunghissimi. Il rito funziona così. Devi entrare da solo e ci sono due file di persone ai lati del tavolo. Tu sei all'inizio del primo anno, quindi non conosci ancora nessuno. Ti togli le scarpe, sali sul tavolo e lo percorri fino in fondo. Poi ti fermi.

Loro ti ordinano: «Raccontaci una barzelletta».

Tu la racconti, e nessuno ride.

«Questa barzelletta fa schifo, raccontane un'altra.»

Tu ci riprovi: stesso risultato.

Poi ti dicono: «Levati la camicia, facci vedere i muscoli».

Se ti rifiuti saltano sul tavolo e ti mettono in mezzo. Sei lì, tra centocinquanta ragazzi che fanno un casino pazzesco e sono molto più grossi di te. Fa una paura tremenda, ma dopo quel rito sei accettato al dormitorio.

Il rito del tavolo si tiene la sera del primo giorno di scuola. Poi, il primo fine settimana, c'è il campeggio. Durante le prime tre settimane non hai il permesso di tornare a casa. Devi imparare i nomi di tutti i prefetti, quelli dei dormitori, e i nomi di tutti i tuoi compagni: centocinquanta nomi in tre settimane. Ogni volta che sbagli, vieni punito.

La punizione si chiama *obstan*, che in afrikaaner significa «sveglia». Ce ne sono di due tipi: quella normale e quella fisica. Per la prima devi scrivere un tema di almeno mille parole. È una punizione che viene decisa dai capi del tuo dormitorio, non ha niente a che fare con la scuola, e si chiama «sveglia» perché devi farla la mattina. Per quella fisica ti fanno alzare alle quattro, prima che sorga il sole, ti portano fuori e ti fanno correre per due ore e mezza. A volte ti fanno correre per cinquanta metri, poi devi bere e rotolarti per terra; corri per altri cinquanta metri, bevi, e ti rotoli... Una cosa disgustosa! Mi è capitato un mucchio di volte.

Oppure devi portare sulla schiena un compagno: corri con quel peso addosso per cinquanta metri, poi lui scende e si fa cambio, è lui che deve correre portando te. Alla fine le matricole non riescono più nemmeno a stare in piedi, crollano a terra distrutte. Oppure ti fanno correre i 400 metri con due mattoni sulla testa, e devi fare un tempo di due minuti e quindici secondi, altrimenti ricominci... È impossibile! Ogni volta sei più stanco e loro abbassano il tempo. Ma la perversione sta nel fatto che il tempo valido per tutti è quello del ragazzo più lento: se lui non ce la fa, tutti devono ricominciare da capo. Questo ti insegna a tenere conto dei compagni più deboli: è uno dei principi fondamentali della scuola, ciascuno deve occuparsi degli altri. Alla fine eravamo tutti esauriti e distrutti, volevamo solo buttarci a letto e dormire! Per fortuna a quell'età le energie si recuperano in fretta...

La punizione del tema era anche peggio. Funzionava così. C'era una grande lavagna su cui la sera prima gli anziani scrivevano il titolo e le regole. Per esempio: «Le sei vite della pallina da ping pong», ma non potevi usare le parole «pallina da ping pong». Era assurdo: come si fa a scrivere di una pallina da ping pong senza nominarla? Oppure: «La storia del topo della Mongolia e della tartaruga marina». Oppure dovevi scrivere una riga ogni cinque in cinese. Nessuno di noi conosceva il cinese, ovviamente.

Il tema peggiore che mi sia mai capitato era questo: «Descrivi un oggetto incolore, inodore, senza forma, senza usare le parole "inodore, incolore, senza forma"». Se sbagliavi, o facevi il furbo, e andavi fuori tema, il giorno dopo dovevi scriverne un altro di duemila parole. Un'altra variante possibile era che ogni cinque righe dovevi scriverne una in rosso, oppure infilare una barzelletta ogni quindici righe. Quando non sei più matricola ti diverti come un matto! Visto che il titolo e le regole venivano scritti sulla lavagna la sera prima non c'era modo di scoprirli in anticipo, quindi arrivavi la mattina alle quattro, stanco morto dalla giornata precedente, faceva freddo ed era ancora buio, e te li ritrovavi davanti, a sorpresa.

Un altro sistema di punizione, decisamente più educativo, era chiamato «assistenza alla comunità». Nel pomeriggio ti assegnavano delle mansioni utili, tipo ridipingere una parete o scartavetrare un tavolo: una faticaccia. Io preferivo i temi ☺.


L'ulimo anno, nel mio dormitorio, sono diventato responsabile dei ragazzi del primo anno. Erano venti nella camerata, in fondo c'era la mia stanza con la scrivania e l'armadietto. Gli allievi dovevano andare a dormire alle nove, e alle dieci c'era il «silenzio». Andava così: alle nove si spegnevano le luci, ma si poteva chiacchierare ancora per un'ora, restando a letto. Capitava che qualcuno si mettesse a correre per lo stanzone alle dieci meno un quarto. Allora aprivo la porta e lo chiamavo. Non c'era mai nemmeno bisogno di chiedere chi fosse il colpevole. In collegio ti insegnavano ad assumerti la responsabilità delle tue azioni. Nessuno faceva mai la spia, però. Dovevi difendere sempre i tuoi compagni.

Così, se sentivo parlare dopo le dieci, mi bastava dire: «Quello che parla venga in camera mia».

E trenta secondi dopo mi trovavo davanti un bambino in pigiama. A volte tornava carico di dolci, di cioccolata. I piccoli erano sempre pieni di cibo, perché le mamme si inteneriscono per i loro bambini al collegio, e mandano sempre un sacco di torte.

Oltre al responsabile del dormitorio, che doveva vigilare su tutti i ragazzi più giovani, ognuno aveva anche un superiore diretto, una specie di tutor personale: se aveva un problema di disciplina o di studio, doveva rivolgersi a lui, non agli insegnanti.

Al primo anno avevo un capo; al secondo, quando sono entrato nella squadra di rugby, avevo un capo di dormitorio e un capo sportivo. Il secondo anno mi è stato affidato un ragazzo più piccolo, Allan Burnett.

Ovviamente il mio ruolo di tutor comportava dei vantaggi. Per esempio, se alle due del mattino mi veniva fame andavo a svegliarlo e gli dicevo: «Allan, ho fame». E lui mi portava da mangiare. Oppure dovevo studiare e avevo sonno, non riuscivo a stare sveglio. Allora lo svegliavo e lo chiamavo in camera a chiacchierare con me. Preparava un caffè, portava i biscotti, mangiavamo qualcosa insieme, poi lui tornava a letto e io ricominciavo a studiare.

Ma nei suoi confronti, io ero responsabile di tutto. Dovevo seguirlo nelle attività sportive, fare il tifo per lui, aiutarlo a studiare, a fare i compiti. Per qualsiasi problema poteva rivolgersi a me.

Questa regola è molto utile perché i nuovi allievi, quelli del primo anno, se hanno difficoltà, non si trovano disorientati, sanno che hanno sempre una persona di riferimento alla quale rivolgersi: una persona che ha già vissuto le sue stesse esperienze un anno prima, e quindi può aiutarli ad affrontarle. È un ottimo sistema. Molte scuole sudafricane non lo hanno più, si mantiene solo in quelle più tradizionaliste.

La giornata in collegio è scandita in modo molto rigido. La sera i dormitori cenavano a orari diversi: uno alle sei, uno alle sei e mezza, uno alle sette, perché eravamo in troppi per servire la cena a tutti gli allievi contemporaneamente. Prima del pasto si può andare alle docce, ma anche lì ci sono turni precisi da rispettare. Dopo cena si fanno i compiti, tra le sette e le otto mezza, e se serve dai una mano. Poi si torna in dormitorio, dove i più piccoli si scatenano, chiacchierano, fanno casino, corrono in giro. Dopo le otto e mezza ci si riunisce tutti in una grande sala, si dicono le preghiere e vengono dati gli annunci e le informazioni per le attività del giorno successivo. Infine si torna in dormitorio, si spengono le luci alle nove e c'è il silenzio alle dieci. Anche se qualche volta il prefetto del dormitorio poteva fare delle concessioni: luci fino alle nove e mezza, silenzio alle dieci e mezza. In quelle occasioni i più piccoli erano entusiasti, perché avevano mezz'ora di tempo libero in più.

A volte d'estate, dopo i compiti, si andava a nuotare, oppure si facevano i popcorn, o si guardava un po' di televisione.

Per i ragazzini del primo anno abituarsi al collegio è molto dura, ma allo stesso tempo sono sempre protetti. C'è sempre il loro responsabile a tutelarli.

È tuo dovere: se qualcuno maltratta il ragazzo che ti è stato affidato, devi occupartene tu. Lo difendi. Allo stesso tempo, può capitare che sia il tuo ragazzo a dare dei problemi a un altro, allora il suo responsabile viene da te, e tu lo punisci. Chiaramente, a vigilare su tutti ci sono i docenti.

Tutto questo insegna ai piccoli il rispetto dei superiori e ai più grandi il rispetto per i ragazzi più giovani, perché devi proteggerli e aiutarli con i compiti. Ti fanno le loro confidenze, ti raccontano i problemi con le ragazze. Sei come un fratello maggiore.

## L'estate più fredda

Il primo anno alla Pretoria Boys High School ero entrato nella squadra di cricket. Non avevo mai giocato a rugby prima, perché alla Constantia Cloof Primary School non c'era il campo. Però avevo voglia di provare, così al secondo anno ho deciso di cambiare, sostituendo il rugby al tennis, e alla fine dell'anno scolastico ho cominciato anche la pallanuoto. Erano quelli i miei due sport preferiti, non ho mai avuto rimpianti né per il cricket né per il tennis. Non facevo atletica, ma molta corsa di resistenza, sui dieci chilometri, con le protesi speciali, leggere, che un amico di mio padre, Chris Hatting, aveva costruito in un hangar dell'aeroporto. Era un ingegnere aeronautico e aveva cominciato a progettarle e produrle verso la fine del 2001. Erano molto artigianali, corte, a uncino, e si spezzavano spesso, ma ho usato quel modello fino a giugno 2004.

Alla Pretoria Boys c'era una gara che si chiamava «La classica dei dieci chilometri», un'altra era «Il re della montagna». Erano prove di resistenza e me la cavavo piuttosto bene. Mi classificavo sempre tra i primi dieci, quindici della scuola. Ero molto in forma, avevo buon fiato, anche perché andavo sempre in bicicletta. Quando abitavo con mio padre, andavo e tornavo da scuola in bici: ventiquattro chilometri tra andata e ritorno.

Però non ero nella squadra della campestre. Al collegio non volevano che facessi male cinque discipline diverse. Preferivano che ne seguissi due al meglio. E «al meglio» significava che al mio penultimo anno c'erano tre ragazzi classificati per la Nazionale di atletica, cinque nella Under 19 di rugby, molti nelle squadre provinciali. Alla fine delle superiori sei un atleta semiprofessionista, non un dilettante che fa un po' questo e un po' quello. Le mie passioni erano il rugby e la pallanuoto, perciò ho concentrato tutto il mio impegno in queste due discipline.

Il rugby mi piaceva tantissimo e mi divertiva, perché capitava sempre che qualche avversario avesse paura delle mie gambe. Una volta mi è capitato di perdere le protesi in partita. Stavo correndo, giocavo a Johannesburg per la squadra della scuola, e l'altro giocatore non sapeva come placcarmi, così mi ha dato uno spintone. Sono caduto e una gamba si è staccata. Sono andato saltellando fino alla linea laterale, per rimettere in gioco la palla, ma lui mi ha spinto di nuovo e a quel punto si è staccata anche l'altra gamba. Allora gli ho dato un pugno. Poi mi sono rimesso a posto le gambe e ho fatto meta. E l'allenatore ha sgridato l'altro ragazzo. ☺

La corsa faceva parte dell'allenamento per il rugby. In più, alla Pbhs, a prescindere dagli allenamenti delle discipline sportive che avevi scelto di praticare, c'erano quattro corse la settimana. Perché ci sono sempre studenti che non fanno nessuno sport, e dopo le cinque, quando le attività sono finite, al nostro dormitorio ci facevano scendere a correre. Se avevi già fatto altri allenamenti, avevi il permesso di correre solo tre giorni alla settimana. A volte però ti facevano correre sette volte: due la mattina, cinque il pomeriggio. Era stancante, ma ottimo per la forma. Per esempio, nella mia squadra di rugby c'erano tredici ragazzi «interni», che stavano al dormitorio ed erano i più forti, quelli più in forma, i più veloci. Perché in collegio ci facevano fare moltissimi allenamenti, e c'erano tutte le strutture necessarie all'attività sportiva, alle quali vivendo all'interno della scuola avevi pieno accesso, e le usavi continuamente.

A novembre del 2001 mia madre si è risposata.

Per Carl il nuovo matrimonio è stato difficile da digerire. Nostra madre diceva sempre che non si sarebbe mai, mai risposata, a meno che non avesse incontrato davvero l'uomo giusto e comunque con la nostra approvazione. Per molti anni ha mantenuto la promessa, e posso giurare che non le mancavano i corteggiatori. Ma lei era una donna molto tradizionalista. Non avrebbe mai accettato di convivere, per esempio, o che un uomo passasse la notte a casa nostra. Voleva fare le cose come si deve. L'ho rispettata molto per questo. Era davvero una signora, da ogni punto di vista.

L'annuncio del matrimonio all'inizio è stato uno shock. Carl e io eravamo stati via da casa per un anno, al collegio, siamo tornati e abbiamo ricevuto questa notizia, senza preavviso. Dopo un primo momento di sorpresa, io e Aimée siamo stati molto contenti per nostra madre, invece Carl l'ha presa malissimo. Si sentiva tradito, come se mamma avesse fatto le cose alle sue spalle. Noi Pistorius siamo persone molto volitive, e soprattutto mio fratello ha sempre detto chiaro e tondo tutto quello che pensava, e in fondo aveva solo sedici anni. Dopo il divorzio mio padre gli aveva detto che era lui l'uomo di famiglia, che gli affidava tutti noi, così quando mia madre ci ha dato l'annuncio che si sarebbe risposata, lui si è alzato in piedi urlando ed è corso fuori dalla stanza. Lei si è messa a piangere, gli chiedeva perché facesse così, ha cercato di spiegargli che quell'uomo la rendeva felice. Ma Carl ci ha messo un bel po' per digerire quella scelta, imparare ad accogliere in famiglia il pilota aeronautico che aveva conquistato nostra madre e volergli bene. Per fortuna già il giorno del matrimonio era tutto passato, e Carl era sinceramente felice per loro. Adesso poi lui e il nostro patrigno sono diventati grandi amici, si sentono in continuazione, parlano molto.

All'improvviso, quell'estate, subito dopo il secondo matrimonio, mamma si è ammalata, è rimasta un mese in ospedale ed è morta. All'inizio i medici avevano sbagliato diagnosi: pensavano che avesse preso l'epatite da Carl, che l'aveva appena avuta, perché i sintomi erano identici. Poi si sono resi conto che dovevano fare altri accertamenti, che non era epatite, ma quando hanno capito la vera ragione della sua malattia era troppo tardi.

Era diventata allergica a un farmaco che prendeva tutti i giorni da anni, e non le aveva mai dato problemi, tanto che ha continuato a prenderlo per settimane, quasi fino alla fine. Tempo prima aveva subito un'isterectomia, e da allora doveva prendere questo farmaco che sul lungo periodo le aveva dato una tremenda reazione allergica.

Durante la sua malattia è capitato spesso che gli amici, i parenti, la zia, ci telefonassero per dirci che mamma era peggiorata, e dovevamo tornare a casa. Così ci precipitavamo in ospedale, stavamo con lei tutto il pomeriggio, poi le sue condizioni miglioravano e noi tornavamo al collegio. È successo talmente tante volte che alla fine ci eravamo abituati: ogni volta che il medico diceva che la situazione era critica, eravamo convinti che sarebbe migliorata.

Ricordo ancora adesso molto nitidamente il giorno in cui mamma è morta. Era il 6 marzo 2002. La data è tatuata qui, sul mio braccio destro, insieme alla sua data di nascita. È l'unico tatuaggio che ho. Quella mattina ero a scuola, c'era lezione di storia, e giocherellavo con un coltellino a serramanico. Lo facevo scattare e lo richiudevo. È arrivato il rettore e mi ha avvertito che avevo dieci minuti per prendere le mie cose: mio padre stava passando a prendermi. Con Carl lo abbiamo aspettato fuori dal cancello, e lo abbiamo visto arrivare guidando come un pazzo la Mercedes enorme che aveva in quel periodo. Ci ha guardati e ci ha detto che bisognava andare subito in ospedale, perché mamma stava molto male. Si vedeva che era davvero preoccupato.

I miei genitori a volte litigavano, si erano separati da tanti anni, ma lui la amava ancora. Per tutto il tragitto sembrava sul punto di scoppiare a piangere. Mio fratello e io ci siamo resi subito conto che quella volta era diversa dalle altre. C'era un ingorgo sull'autostrada, e mio padre ha imboccato la corsia di emergenza. All'ospedale c'erano tutti: la famiglia, gli amici.

Se ancora potevamo illuderci che fosse come le altre volte, solo un altro giorno in cui era peggiorata e poi si sarebbe aggiustato tutto, quando siamo arrivati là tutti ci hanno messo fretta: sbrigatevi, entrate, fate presto. A quel punto si capiva chiaramente che la cosa era grave. Ci hanno fatti entrare nella sua stanza e siamo restati con lei dieci minuti, poi è morta.

Non ci ha riconosciuti, era già in coma. Era tutta gonfia, piena di tubi e cannule, perché alcuni organi avevano già smesso di funzionare. È un'immagine molto dolorosa da ricordare: non sembrava più lei.

All'inizio pensavo di averla presa piuttosto bene. Ero l'unico che non piangeva. Mio fratello e mia sorella piangevano disperatamente, e io li consolavo. Dopo il funerale ho deciso di tornare subito al collegio; Carl e Aimée sono rimasti a casa, ma io insistevo che stavo benissimo e che volevo tornare a scuola. Arrivato al collegio, alcuni amici sapevano già, mentre altri non sapevano ancora quello che era successo, e per me era meglio così, perché non mi hanno chiesto niente. Ma la mattina dopo mi sono svegliato in lacrime. Ero completamente frastornato.

Sono andato a stare da un amico per due o tre giorni. Poi, per tre, quattro settimane, non mi sentivo di fare niente: stavo a casa di un amico per un paio di giorni, poi tornavo a scuola, e dopo poco non ce la facevo più, e andavo a stare di nuovo da qualcuno. È stato terribile.


Lo sport è stato fondamentale per me per affrontare quei momenti. È stata molto dura. Perché mia madre era una donna forte, era lei il pilastro della famiglia. Mio padre era spesso lontano per lavoro, quindi il nostro punto di riferimento era lei. È stata lei ad allevarci, anche se a quel punto, nel 2002, non abitavo con lei già da tempo. L'anno precedente avevo provato a stare con mio padre per tre mesi ma non aveva funzionato, lui era sempre via. Poi, nell'ottobre del 2001, ero entrato in collegio.

Quando eravamo piccoli papà non c'era mai, e dopo il divorzio aveva traslocato parecchie volte, quindi non eravamo abituati a stare con lui per lunghi periodi. Passavamo con lui qualche fine settimana, quando capitava che abitasse vicino. Più spesso il fine settimana stavo a casa di zia Diane, la sorella di mamma, a Johannesburg.

Dopo la morte di mia madre, il fine settimana lo passavo dalla zia, e in quel periodo Aimée viveva con lei e studiava in una scuola di Johannesburg; qualche volta restavo al collegio, oppure andavo a stare a casa di un amico. Cambiavo continuamente, andavo qui e là. È durata così per un paio d'anni.

Sia io sia Carl non avevamo una casa «nostra»: vivevamo al collegio, e nel fine settimana andavamo a casa di amici. Dalla zia Diane c'era sempre una stanza per noi, dove dormiva Aimée e noi sbarcavamo ogni tanto nei fine settimana con tutti i nostri armamentari sportivi, distruggendo l'ordine da vera signorina di mia sorella. Spesso io e Carl andavamo a correre insieme, io iniziavo ad avere le prime gambe da corsa cui mi abituavo via via; lui era più veloce di me e mi spronava molto. A dire la verità, Carl ha sempre amato gli sport più estremi e non quelli «scolastici». Quando ero fissato con il cricket mi prendeva sempre in giro: «Che ci stai a fare su un campo da gioco a perdere tempo quando potresti scendere un fiume in canoa, o fare sci d'acqua?».

Carl in quel periodo correva già in macchina (non ha ancora smesso, a dire la verità!): la nostra passione per i motori negli anni era solo cresciuta, e come ciliegina sulla torta dalla zia Diane trovavamo Graham, nostro cugino, che era fissato peggio di noi. Mamma era morta da poco, e per noi era difficile riorganizzarci nella vita di tutti i giorni, ma non volevamo dipendere da qualcun altro per andare e tornare dal collegio: sentivamo l'esigenza di essere liberi. Così Carl, a diciassette anni, ha comprato la sua prima macchina, una piccola Golf bianca. Era bellissima! Adesso sì che eravamo totalmente liberi (be', più o meno: l'età per guidare in Sudafrica è diciotto anni... ☹).

Io avevo solo quindici anni, ma di tanto in tanto Carl mi lasciava guidare. Il motore della Golf aveva una potenza grandiosa, per lo meno se paragonato a quello della vecchia Land Rover di papà: arrivava anche a 140 chilometri all'ora, e in più Carl aveva subito fatto installare un impianto stereo pazzesco. Ce ne andavamo in giro per le strade di Pretoria, con la musica a un volume incredibile, ed era veramente fantastico!

Non potevo immaginare, in quei momenti, che in agguato per me c'era un'altra data dolorosa che non avrei più potuto dimenticare: il 21 giugno 2003. Stavo giocando una partita di rugby e improvvisamente mi hanno steso: vittima del famoso «passaggio dell'ospedale». Era un passaggio molto alto, e si chiamava così perché quando te lo fanno finisci sicuramente con il gesso da qualche parte. Io giocavo ala. Credo che l'allenatore mi avesse assegnato quel ruolo perché non ero molto bravo nel gioco alla mano, così mi faceva soprattutto correre. Ho visto questa palla molto alta, ero fermo ad aspettarla, e appena l'ho afferrata un giocatore dell'altra squadra, un vero tronco di ragazzo, mi ha placcato. Mi ha afferrato dal basso, sul lato destro, mentre un altro mi arrivava addosso da sinistra, in alto. Il mio corpo si è piegato in due. Cadendo ho sentito una fitta, ho abbassato lo sguardo e mi sono reso conto che la mia gamba sinistra era storta, puntava all'esterno...

Faceva piuttosto impressione, ma sul momento ho pensato che fosse la protesi a essere stata danneggiata, perché di solito quando mi rompevo le gambe in realtà erano sempre le protesi a spezzarsi. Nessun problema, niente dolore: un'aggiustata e via, due giorni dopo era tutto come prima.

Dunque, ero là a terra con la gamba che puntava nella direzione sbagliata. Dovete sapere che in Sudafrica il rugby è uno sport che si tramanda di padre in figlio, e i padri vengono a tutte le partite a vedere i figli giocare. Vicino agli spalti c'è sempre un tendone della birra, dove loro si riuniscono a bere aspettando che le squadre scendano in campo. La mia partita era alle quattro del pomeriggio, e a quell'ora gli spettatori avevano già bevuto parecchio... Stavano tutti a bordo campo a gridare: «Alzati, cosa fai lì sdraiato? Non fare la femminuccia!».

Cercavo di alzarmi, ma la gamba mi faceva davvero male. Ero riuscito a raddrizzarla, ma il dolore era troppo forte. Ho finito in qualche modo la partita, poi sono tornato a casa in bicicletta, con il ginocchio conciato da fare schifo, pedalando per sei chilometri. Il giorno dopo era domenica, e quando mi sono svegliato il ginocchio era tutto gonfio, pieno di liquidi e livido, proprio brutto. Sembrava un pallone da calcio. Non riuscivo a muoverlo. I legamenti si erano lacerati. Per fortuna non è stato necessario un intervento, ma mi sono ritrovato di nuovo nelle mani di Gerry. Ho dovuto iniziare un lungo percorso di fisioterapia, e ho pensato che forse da quel momento in poi la mia vita superattiva, in cui lo sport era tutto, era finita.

Avevo sedici anni.

## La prima volta

Così mi sono ritrovato di nuovo nello studio di Gerry Versveld, con il ginocchio gonfio e dolorante. Ci eravamo sempre tenuti in contatto, ma non ci vedevamo da un po', lui non sapeva dei miei progressi sportivi, così quando mi ha chiesto come mi fossi fatto male e gli ho risposto: «Giocando a rugby», lui era talmente sbalordito che è scoppiato a ridere, anche se io me ne stavo là, davanti a lui, tutto triste e scoraggiato ☹.

Per fortuna Gerry è riuscito a curarmi senza dovermi operare, e mi ha pure tranquillizzato sul futuro, assicurandomi che se avessi seguito alla lettera tutto il programma di riabilitazione avrei potuto riprendere a fare sport. Dopo un paio di mesi di riposo forzato (una vera tortura, per me!), a ottobre ho iniziato la riabilitazione al centro di medicina sportiva dell'Università di Pretoria. Il fisioterapista che si occupava di me, Heinrich Nolte, mi aveva consigliato di allenarmi nello scatto per recuperare la funzionalità del ginocchio, e mi aveva messo in contatto con Ampie Louw, che allenava diversi atleti universitari. Considerato quanto poco avessi amato l'atletica fin da piccolo, quel suggerimento mi sembrava un brutto scherzo del destino. Non ne avevo nessuna voglia, ma Nolte aveva detto che se volevo tornare in forma per la stagione di rugby successiva, che sarebbe ripresa ad aprile, dovevo cominciare a correre. Ci ho riflettuto molto, e all'inizio pensavo che avrei potuto fare semplicemente un po' di palestra, o magari jogging. A gennaio ho parlato con Ampie: anche lui mi ha consigliato quattro mesi di allenamento di atletica, da gennaio ad aprile, e a quel punto mi sono convinto, perché ci tenevo troppo a ricominciare a giocare a rugby, e avrei fatto qualunque sacrificio pur di rientrare nella mia squadra.

Ho cominciato con lui l'allenamento il primo gennaio 2004.

Come ho detto, già da tre anni avevo delle protesi da corsa artigianali che un amico di famiglia, Chris Hatting, aveva cominciato a produrre in un hangar per aeroplani, perché lui di professione era un ingegnere aeronautico. Erano meno costose di quelle delle grandi aziende, ma si spaccavano di continuo: erano proprio «fatte in casa», con le solette di gomma che mio padre comprava dal calzolaio. In Sudafrica non avevamo facilmente accesso a protesi progettate per l'attività sportiva. In pratica ho fatto da cavia alle sperimentazioni di Chris!

Lui è stato talmente bravo che a un certo punto un'azienda americana che produce protesi lo ha contattato e assunto, così dal 2003 si è trasferito negli Stati Uniti. (Nel giugno del 2004, dopo qualche mese che lavorava lì, sono andato a trovarlo e a provare le loro protesi: le Cheetah, i ghepardi, che presto sarebbero diventate le mie nuove gambe da corsa.)

Così, allenandomi con Ampie con l'unico obiettivo di tornare al rugby, l'atletica ha cominciato a entrarmi nel sangue. L'avevo odiata, da bambino, perché allora le mie gambe erano troppo pesanti. L'unico vantaggio delle vecchie protesi, quelle con la forma della gamba fatte di legno e fibra di vetro, è che mi hanno notevolmente rafforzato la muscolatura: arrivavano a tre chili e duecento grammi ciascuna. Quelle da corsa che uso ora pesano la metà, un chilo e settecento.

Dopo tre settimane dall'inizio degli allenamenti ho partecipato a una gara sui 100 metri. Era il 28 gennaio.

Era stata una mia insegnante a iscrivermi, la professoressa Miller: era una vera matta, molto simpatica, e io ero legatissimo a lei. Specialmente dopo la morte di mia madre, lei – che era una signora gentile, affettuosa, molto materna – aveva iniziato a tenermi d'occhio in modo speciale, a prendersi cura di me. Mi invitava a casa sua per il fine settimana, si occupava perfino della mia vita amorosa... A un ballo di fine anno si è accorta che me ne stavo in disparte, per i fatti miei: credevo di fare il figo un po' distaccato, che snobba la festa, ma in realtà ero tristissimo perché avevo litigato con la mia ragazza. La professoressa ha attraversato la sala per venire da me, e mi ha stretto in un enorme abbraccio. Era una signora rotondetta, con un gran seno, e mi ha abbracciato come un bambino, cercando di consolarmi: «Se hai litigato con la tua ragazza, non preoccuparti. Goditi la serata, domani ne riparlate e aggiusterete tutto!».

Lì alla festa, davanti a tutti i miei amici... Che figura!

Come dicevo, era stata una sua idea quella di iscrivermi alla manifestazione di Bloemfontein nella squadra della scuola: aveva telefonato agli organizzatori chiedendo se poteva iscrivere un atleta che correva con le protesi. Gli organizzatori erano dubbiosi. Lei aveva insistito tanto da convincerli, così quel giorno mi sono presentato e ho corso i 100 metri: la gente si aspettava al massimo che arrivassi al traguardo, e invece ho vinto. È stato bellissimo. Tutti gli spettatori, da tutte le scuole, sono balzati in piedi urlando: «Oscar, Oscar!».

Poi, quello stesso giorno, ho partecipato alla staffetta. Ero l'ultimo frazionista, ho vinto e ho avuto la gioia di far vincere la mia scuola. ☺

Mio padre era lì con me ad assistere alle gare, e quel giorno l'ho visto felice come non succedeva da tempo. Era letteralmente elettrizzato, incredulo, eccitatissimo. Continuava a ripetere: «Hai fatto 11"72 sui 100 metri! Ma ti rendi conto? È un tempo straordinario, in assoluto!».

Appena siamo tornati a casa ha telefonato a tutti i suoi amici per raccontare questa cosa incredibile. Voleva gridare ai quattro venti la sua felicità, forse perché dopo l'incidente al ginocchio avevamo davvero temuto che non avrei mai più potuto fare sport come prima, e invece adesso ero andato così bene.

Ma alla settima telefonata di qualcuno che, dopo avere parlato con lui, voleva congratularsi direttamente con me, ero stufo. L'entusiasmo di papà mi sembrava esagerato, e me la sono presa con lui: «Ma hai chiamato tutto l'elenco del telefono?».

Ero felice, naturalmente, ma non mi sembrava di aver fatto niente di così eccezionale.

Ma papà, testardo come sempre, ha passato tutta la notte seguente su internet a confrontare il mio tempo con quelli di altri atleti, e per la prima volta ha cercato informazioni sugli atleti paralimpici. Non sapevamo neanche che la mia categoria (amputati bilaterali) si chiamasse T43, perché fino a quel momento avevo sempre fatto solo sport di squadra insieme a ragazzi normodotati, quindi non ci eravamo proprio posti il problema. E invece quella notte, cercando su internet, mio padre si è reso conto che correndo i 100 metri in 11"72 avevo stabilito il nuovo record mondiale per la mia categoria. Il precedente era 12"20.


Da quel momento in poi tutto è successo talmente in fretta... Come se le cose accadessero per puro caso, o per destino.

Un mese dopo ho migliorato quel primo record

a 11"51, sempre usando le protesi artigianali costruite da Chris. Poi ho partecipato al campionato sudafricano per disabili: un'esperienza sconosciuta per me. Sono cresciuto in un ambiente in cui non avevo mai avuto a che fare con gli sport paralimpici, quindi per me l'agonismo tra disabili rappresentava un'assoluta novità. Un modo di pensare diametralmente opposto.

Quando nel marzo 2004 Ampie mi aveva parlato di questo campionato e mi aveva proposto di iscrivermi, da principio l'idea non mi era piaciuta. Allora, per convincermi, mi aveva spiegato che, se in seguito avessi voluto correre alle Paralimpiadi, avrei dovuto per forza partecipare a quelle gare. Ma in quel periodo io pensavo ancora di tornare al rugby, la mia ambizione non erano le Paralimpiadi. Il mio coach, però, non è uno che si rassegna facilmente: ha continuato a ripetermi che i miei tempi erano al livello dei migliori atleti paralimpici, e che quindi avevo una magnifica opportunità di vedere il mondo e di correre. Ho chiesto qualche giorno per riflettere e alla fine ho deciso che mi sarei iscritto al campionato sudafricano che si teneva a Durban. Ho partecipato in modo quasi distratto, perché non mi sentivo particolarmente coinvolto. Ogni giorno scendevo in pista, facevo il riscaldamento, poi la gara, e alla fine me ne tornavo a casa, rimanendo piuttosto isolato, distaccato dagli altri atleti. Mi sembrava che non fosse un mondo per me.

A dire il vero, in quel periodo ero piuttosto incasinato per i fatti miei, non è che la mia testa fosse tutta per lo sport, anzi.

C'era questa ragazza, Nandi, che frequentavo dalle vacanze estive, dai primi mesi del 2004. È una persona straordinaria, con un carattere fortissimo, e per la prima volta sentivo di essere veramente interessato a una donna: prima di lei ero uscito con un po' di ragazze ma non era nato niente di speciale. Con lei ho conosciuto le montagne russe: avevo diciassette anni e per cinque o sei mesi ho completamente perso la testa. Mi faceva impazzire: prima diceva di voler stare con me, poi cambiava idea... Mi provocava continuamente. Credo sia stata la prima ragazza che posso dire di avere amato. Ma era troppo lunatica, non riuscivo a stare dietro ai suoi cambiamenti d'umore, così a un certo punto ho deciso di lasciarla. Comunque siamo rimasti amici, anche se non siamo più molto legati. Ci si vede ogni tanto. Devo dire che invece sono ancora molto affezionato ai suoi genitori, con sua madre ci sentiamo spesso.

E subito dopo avere chiuso con lei ho avuto il vero colpo di fulmine.

Era maggio del 2004, e con un mio amico avevamo organizzato un grande pranzo in un locale per vedere una partita di calcio: io dovevo invitare dieci persone che lui non conosceva, e lui dieci che non conoscevo io. Quel giorno ho conosciuto Vicky. L'ho trovata subito bellissima e abbiamo parlato, parlato, parlato tutto il pomeriggio. Per cena dovevo passare a prendere un amico e lei mi ha accompagnato. Continuavamo a parlare, senza sosta. E quando l'ho riaccompagnata a casa, verso le sei, lei mi ha detto che quella sera sarebbe andata a una festa e mi ha invitato a raggiungerla lì.

Credo che Vicky mi abbia colpito per il suo spirito libero: è una matta, anticonformista, non le interessa il giudizio della gente, lei va per la sua strada. Ricordo esattamente quel giorno alla festa. Portava i guanti, perché faceva freddo. Eravamo in un locale all'aperto, con un grande fuoco acceso, e lei mi inseguiva con un barattolo di deodorante. Mi spruzzava, ed era pericolosissimo, perché quegli spray sono infiammabili, c'era il falò e lei aveva i guanti di lana che avrebbero potuto prendere fuoco in un attimo. Io pensavo: «Ma quanto mi piace questa ragazza!». Era bellissima, fantastica, vivace. Mi sono innamorato subito. Pochi giorni dopo abbiamo cominciato a uscire insieme. Pensavo che fosse la donna più straordinaria che avessi mai incontrato, la donna per me.

In quel periodo era in programma il ballo annuale della scuola, e Vicky – prima di conoscermi – aveva già accettato di andarci con un ragazzo. Il mio amico Raul, in quei giorni, mi parlava di una certa Vicky, raccontandomi che aveva perso la testa per lei, che la trovava bellissima, unica. E io gli facevo una testa così su questa ragazza che avevo incontrato, la «mia» Vicky. Eravamo talmente storditi da non renderci conto che si trattava della stessa persona, finché non ho provato a convincerla a cambiare programma e a venire al ballo con me. Allora lei mi ha detto che le sarebbe tanto piaciuto, ma che l'aveva già promesso a Raul... Aveva anche provato a fargli capire che lui non le piaceva, ma Raul aveva insistito comunque per accompagnarla. A quel punto le ho chiarito che non avevo proprio intenzione di spiegare a Raul che le nostre due Vicky in realtà erano una sola. È stata lei a dirglielo, e il mio amico c'è rimasto malissimo: anche a lui piaceva tantissimo Vicky, lo posso capire. ☺ Al bal-

Io comunque sono andati loro due insieme, e io con un'amica. È stato davvero imbarazzante: a tavola eravamo seduti l'uno di fronte all'altra, ognuno con il suo accompagnatore, e non riuscivamo a smettere di guardarci negli occhi. Dopo il ballo lei ha ringraziato Raul, gli ha stretto la mano, e io e lei ce ne siamo andati insieme a un'altra festa. D'altra parte anche lei era amica di Nandi, erano compagne di scuola. Ma da quando l'avevo conosciuta, chissà perché, la loro amicizia improvvisamente non era più stretta come prima.

Dopo un paio di settimane io e Vicky abbiamo cominciato a stare insieme. Sarebbe durata, tra alti e bassi, per più di due anni.


Sono stati mesi intensissimi. Nel frattempo Carl si era diplomato e aveva cominciato a lavorare, non poteva stare appresso ai miei spostamenti tutto il giorno: dopo la scuola avevo gli allenamenti e dovevo andare e tornare dal campo sportivo. Allora ho deciso di comprarmi una macchina tutta mia. Avevo messo da parte un po' di soldi grazie a uno spot pubblicitario che avevo girato per un'azienda sudafricana e ricevevo una borsa di studio mensile dalla MacSteel, l'azienda che produce le protesi in carbonio che usavo in quel periodo, come contributo alla mia formazione sportiva. Mi sono messo a cercare per concessionarie, e una settimana dopo mi ha telefonato un amico di papà. Mi ha chiesto quanto potevo spendere e si è offerto di farmi avere un'auto tramite l'azienda per cui lavorava.

Così nel maggio del 2004 ho comprato la mia prima macchina. Penso sia un po' come il primo amore: avrà sempre un posto speciale nel mio cuore. La mia era una Smart cabriolet nera e argento. Ragazzi, ero veramente perso: mi ricordo ancora perfettamente ogni minimo dettaglio degli interni e caratteristica del motore. Essendo una Smart non era velocissima, ma non mi importava: era il mio tesoro!

Una sera ero fuori con degli amici e mi sono offerto di dare un passaggio a casa a chi non aveva la macchina. Forse pensavo ancora di avere la Golf di Carl. Quando mi sono ritrovato davanti alla Smart mi è tornato in mente che ha solo due posti, ma in qualche modo siamo riusciti a entrarci tutti... e sei (due ragazzi e quattro ragazze). Per starci abbiamo dovuto aprire la capote. A un semaforo ci ha affiancati un Suv nero, e il finestrino del guidatore si è abbassato, rivelando un tipo inquietante che sembrava un malavitoso. Teneva una musica rap a tutto volume: i bassi erano così pompati che perfino il mio sedile vibrava. Il tipo si è sporto per guardare tutte quelle ragazze, ha fatto un cenno di approvazione a me e al mio amico ed è ripartito a tutto gas con il semaforo ancora rosso.

Ho tanti bei ricordi legati a quella Smart, ma più di ogni altra cosa le associo il senso di liberazione, di evasione che mi ha dato, e che avevo sempre desiderato con tutto me stesso. Mi piaceva prenderla di notte, abbassare la capote e guidare in autostrada, con la musica a tutto volume e il vento nei capelli.

Mi allenavo tanto, lavoravo sodo, e dopo i campionati nazionali avevo avuto la conferma che solo otto mesi dopo avere cominciato (...a malincuore ☺) a praticare l'atletica, mi sarei ritrovato a rappresentare il Sudafrica alle Paralimpiadi di Atene 2004!

Stavo per affrontare dei veri e propri mostri sacri dello sport paralimpico come Brian Frasure e Marlon Shirley: amputati monolaterali, tra l'altro, quindi potenzialmente molto più forti di me. A essere sincero, ero terrorizzato.

Non mi sentivo pronto a competere a quei livelli, per me la corsa era ancora uno sport nuovo: per esempio, all'inizio non riuscivo a usare i blocchi di partenza, mi sembravano una cosa strana.

Nel rugby, quando corri, sei concentrato in ogni direzione, devi guardarti intorno, individuare ogni cambiamento in campo. Guardi gli altri giocatori, calibri le distanze, calcoli gli scarti. In atletica sei altrettanto concentrato, ma in maniera completamente diversa. Non serve guardare in giro. La visione periferica non conta. Anzi, potresti persino correre a occhi chiusi: li tieni aperti solo per non sbagliare corsia. Meno ti distrai nella volata verso il traguardo, meno energie sottrai al movimento del tuo corpo.

Nel rugby sei sempre in spinta: usi le braccia, incalzi gli avversari, il corpo è sempre in tensione, e puoi risparmiare forze solo sfruttando pause e spazi, mentre in atletica no, ma puoi rilassarti, anzi devi assolutamente farlo. Per me questa è stata la cosa più importante e difficile da imparare. Ad Atene un giornalista mi ha visto masticare una gomma e si è stupito, mi ha chiesto come mai lo facevo: perché mi aiutava a rilassarmi. Mi scioglieva le mandibole. Nella corsa devi rilassare la mascella, il collo, per liberare il movimento pieno delle spalle. Il mio allenatore me lo ripeteva continuamente: «Rilassati, rilassati!».

A me sembrava una contraddizione: come faccio, se al tempo stesso devo sforzarmi di correre più veloce che posso? All'inizio pensavo fosse matto.

Anche la postura è importante, e ci ho lavorato tantissimo. Anche ora continuo a impegnarmi per perfezionarla il più possibile. Quando guardavo Maurice Greene, il grande sprinter statunitense, lo vedevo partire spingendo a gambe aperte, cioè poggiando i piedi su linee distanti e, dato che lui era veloce, pensavo bisognasse correre così. Ma molto dipende dalla tua corporatura: per un atleta basso quel tipo di impostazione di corsa è più potente. Ma per un atleta più alto quella tecnica porta a un dispendio di energie, lo rallenta. Bisogna calibrare l'armonia del movimento e la resa energetica della spinta, per potenziarla al massimo. Più sei contratto e aggressivo, più energie sprechi. Devi essere rilassato per percepire esattamente l'istante in cui il tuo piede tocca terra e l'attimo in cui bisogna dare la spinta. Se sei aggressivo e teso, non lo senti. E più sei contratto, più sprechi energia.

Ho dovuto anche imparare a usare le braccia. Lo ammetto, faccio ancora fatica a comprendere il concetto di «catena cinetica», con cui in allenamento chiamano l'idea che tutto sia collegato. Se sbilanci in avanti il bacino, il sedere spinge in fuori e perdi spinta. In questo caso si dice che «sei seduto» e non riesci a sviluppare velocità. Quindi devi portare il bacino verso l'interno e la schiena avanti. Sono spostamenti millimetrici, ma tutto conta.

Stento ancora a digerire i gesti richiesti dall'azione alla partenza. Per me la posizione accovacciata sui blocchi rappresenta un grosso svantaggio, perché il corpo segue la testa e io sono curioso, sono abituato a guardarmi intorno come quando giocavo a rugby, così appena scatto in avanti tendo istintivamente ad alzare subito lo sguardo, e a quel punto anche il corpo si raddrizza troppo presto. Adesso mi devo concentrare sulla necessità di tenere giù la testa per i primi trenta metri, per mantenere il corpo in posizione, alzandola poi gradualmente, senza movimenti bruschi. Ma ancora non ci riesco. Ampie, il mio allenatore, è molto bravo in questo tipo di lavoro, mi sta aiutando molto e mi spiega tutto benissimo.

Seguiamo la procedura di preparazione della gara che usava Michael Johnson, quella cosiddetta «a zone».

Quando gareggio, faccio stretching durante il riscaldamento, ma poi devo entrare nella prima «zona»: cioè rilassarmi, respirare profondamente e visualizzare nella mia mente il tracciato della gara in tutti i suoi segmenti. Devo programmarmi: in questo punto è necessario esprimere energia, in quest'altro rilassarmi. Là devo accelerare, qui bruciare al massimo. In quell'ultimo segmento devo metterci l'anima altrimenti non faccio un buon tempo. Ed è importante che, preparata nella mente ogni fase, la si metta da parte: bisogna archiviarla temporaneamente. Fatto questo, passo alla «zona» successiva: la preparazione dei blocchi di partenza. Li aggiusto, li calibro e, quando sono sicuro che sia tutto in ordine, archivio pure questo.

La prima volta che ho usato i blocchi di partenza è stato difficilissimo. All'inizio, Ampie parlava con lo starter, con cui tempo dopo sono diventato amico, perché mi consentisse di partire in piedi. Ma comunque non riuscivo a stare fermo, quindi partivo sempre piuttosto male, perché mi mettevo in moto in modo scoordinato: se non sei accovacciato, la tua prima spinta non è efficace. Ho dovuto imparare. Il primo esperimento è stato al campionato sudafricano, perché Ampie voleva vedere come avrei reagito a una novità introdotta sotto la massima pressione psicologica. Devo ammettere, però, che ho fatto molta fatica per imparare a usarli, e ancora oggi ho difficoltà.

Nessun atleta riesce a padroneggiare sempre alla perfezione la partenza. Nel corso del tempo il corpo cambia, anche la muscolatura, e ogni volta è diverso. Non ero abituato a quella posizione, raccolta e così bassa, e inoltre non sento i blocchi, perché non ho i piedi. Ma Ampie mi ha insegnato che la distanza in cui metti il corpo, sporgendoti in avanti dalla posizione accovacciata, è pari a quella che risparmi in fondo quando tagli il traguardo. In quel modo guadagni quaranta centimetri prima ancora di partire. Erano tutte cose che non sapevo: a scuola stavamo in piedi sulla linea di partenza, ad aspettare il via. Ampie mi ha insegnato anche che non bisogna allentare la pressione sui blocchi, ma aumentarla. Bisogna sporgere il corpo in avanti, ma al tempo stesso spingere all'indietro sui blocchi... Ho dovuto imparare moltissime cose nuove.

Nuova «zona»: in gara controlli i blocchi, verifichi che i chiodi siano ben piantati, che il blocco sia fissato a terra correttamente, che non scivoli. Poi ti alzi, e a quel punto è tutto pronto: non devi fare altro che aspettare il via. E quella è la parte più stressante. Dovresti rilassarti, e invece ti preoccupi di tutto: «Gli altri sono tutti bravissimi, e io mi sento così stanco...» questo e quello.

La «zona» successiva è quando chiamano il «pronti» alla partenza. In quel momento devi essere aggressivo. Ma senza contrarti, perché il corpo

# Il mio album

1987:
Papà, mamma e io
il giorno del mio
battesimo

Io e mamma

"Ricordo che un'estate, a Plettenberg Bay, due bambini mi hanno chiesto perché lasciavo solo dei buchi sulla sabbia, anziché impronte di piedi..."

28.10.1988, Plettenberg Bay

"Nel marzo 1988 è arrivata Aimée, la nostra sorellina..."

"A diciassette mesi ho avuto il primo paio di protesi. Erano supercomode..."

1989. Con Carl e mamma

"Carl era il mio diavoletto tentatore,
capace di spingermi sempre fino al mio limite e poi oltre,
come fa Buzz con Woody in Toy Story..."

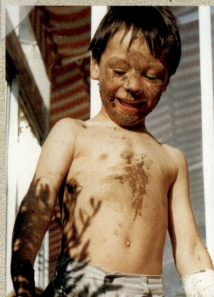 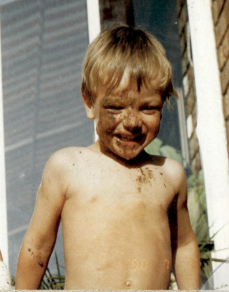

"Adoravo la spiaggia, il sole, quei giorni sereni d'estate..."

"A due anni ero una piccola peste, con i riccioli biondi lunghi sulle spalle e corti davanti e le mie scarpe di Topolino..."

1992. Primo giorno di scuola alla Constantia Kloof Primary School

*Novembre 2001.
Il secondo matrimonio
di mamma*

*Festa alla
Pretoria Boys
High School con Aimée*

Lavoravo tantissimo, sotto la guida di Ampie, con l'obiettivo di migliorare i miei tempi..."

"Dovevo affrontare mostri sacri dello sport paralimpico come Marlon Shirley..." Settembre 2004, Atene

"Mi sono fatto tatuare sul braccio le date di nascita e morte di mamma. È l'unico tatuaggio che ho..."

"Il 13 luglio 2007, il giorno dei 400 metri al Golden Gala di Roma, è una data che non dimenticherò mai..."

"Il pubblico di Sheffield mi ha accolto con l'applauso più caloroso..."

30 aprile 2008, Losanna

16 maggio 2008, Milano. "Ero di nuovo libero di gareggiare! Peet e io siamo esplosi in un urlo..."

deve restare rilassato. Devi concentrarti: dimenticare tutto quello che accade intorno e focalizzarti solo sulla tua corsia. Quello è il tuo canale. Nient'altro conta. Devi pensare solo a quello. Senza guardarti intorno.

Come corridore sono sempre stato più bravo a inseguire che a condurre la gara, perciò non mi piace stare sull'ottava corsia, davanti a tutti. Quando gli altri mi arrivano di fianco tendo a scartare di lato. L'ideale per me sono la prima, la seconda o la terza corsia. In quella posizione gli altri mi stanno già davanti, e in curva, dal punto di vista mentale mi sento già «dentro», quindi per me quella posizione, nelle corsie interne, funziona meglio. Se ho qualcuno davanti mi sento più carico. Quando lo affianco lui tende ad arrendersi, perde motivazione, mentre io la guadagno. È naturale. Cerco di dare il massimo alla fine della gara.

Ma per tornare alla partenza, quando sei sui blocchi, fai qualche respiro profondo, e poi trattieni il fiato. E non devi pensare allo sparo del via, devi concentrarti sui movimenti. Molti atleti aspettano il colpo di pistola dello starter, e quando arriva per una frazione di secondo restano fermi.

«Cosa devo fare adesso? Ah, giusto, devo muovermi.»

E questo fa perdere tempo. Invece bisogna pensare: «Ora scatto, ora scatto» e il colpo che senti è solo il segnale che puoi metterti in moto. La fase di attesa del via la devi saltare, passare direttamente alla concentrazione sullo scatto. Sono minuscoli dettagli che fanno la differenza, che ti danno forza...

Ed è importante, almeno per me lo è tantissimo, avere una tecnica che mi aiuti in quei momenti di tensione pazzesca. Io soffro molto la gara, devo ammetterlo.

Adoro gli allenamenti, ma spesso la mattina prima della gara sono talmente nervoso che mi viene da vomitare. Ho lo stomaco sottosopra, sto male, fisicamente. Mi agito solo a pensarci. Ho voglia di correre, ma ho anche paura: dubito di me stesso, sono agitato. Poi, appena taglio il traguardo, vorrei rifare tutto di nuovo, ricominciare subito. Perché a quel punto ho ritrovato la sicurezza. Eppure il nervosismo è un elemento positivo. C'è un modo di dire: «Prenditi il merito dell'ansia che senti, perché è una prova della tua ambizione». Non ti sentiresti sotto pressione se non avessi nessuna possibilità di farcela.

Quando mi sveglio, prima di una gara, la prima cosa che penso è: «Oh, cazzo, non ne ho proprio voglia». E magari fuori dalla finestra c'è il sole, è una bella giornata, e invece a me sembra che piova, e mi sento come se avessi dormito male, mi convinco di avere il torcicollo, quando in realtà sto benissimo, non ho niente. Devo fare uno sforzo consapevole per convincermi: sto bene, mi sento benissimo.

Nei 200 metri delle Paralimpiadi di Atene, mi sono ritrovato ai blocchi di partenza circondato da atleti adulti e navigati. Avevo i nervi a fior di pelle. Io ero nella corsia 7. In quella esterna, la 8, c'era questo atleta francese, Dominique André, che mentre si sgranchiva continuava a sputare e grugnire: mi deconcentrava e mi innervosiva, e molto probabilmente lui lo sapeva benissimo, magari lo faceva apposta! Nella corsia interna, la 6, avevo Brian Frasure, già campione del mondo.

Insomma, in mezzo a questi due mi sentivo intimorito, in soggezione.

Ci sono state quattro false partenze, e anche questo non mi ha certo aiutato a mantenere i nervi saldi. In fondo, avevo solo diciassette anni! Così, quando lo starter ha sparato la quinta volta, io sono rimasto congelato. Mi ero convinto che fosse un'altra falsa partenza e sono rimasto lì, praticamente seduto. Il secondo sparo, però, non arrivava... Ero già in ritardo di un secondo e otto rispetto agli altri quando ho realizzato che quello sparo non sarebbe mai arrivato: la partenza era buona! Insomma, ho iniziato in un modo veramente disastroso.

Anche questo però ha contribuito a rendere quella gara così speciale. Ancora oggi guardare le immagini della mia rimonta mi dà un'emozione difficile da descrivere. Nonostante quella partenza disgraziata ho vinto la medaglia d'oro, e ho stabilito un nuovo record per amputati sui 200 metri (21"97, tempo che in seguito ho ancora migliorato). Marlon Shirley e Brian Frasure sono arrivati rispettivamente secondo e terzo.

È incredibile ripensare a quei momenti: mi sembra che sia passato un secolo... Guardo le mie foto sul gradino più alto del podio, con la corona d'alloro e la medaglia d'oro al collo, e mi vedo talmente piccolo, un bambino.

Ma al tempo stesso, il ricordo di quei giorni ad Atene è vivo come fosse stato ieri. È stata davvero un'esperienza pazzesca. Il villaggio olimpico era incredibile. La mensa copriva una superficie di quattromila metri quadrati, dove si poteva servire un pasto a sedicimila persone contemporaneamente, in qualsiasi momento della giornata. Potevi chiedere qualsiasi alimento: dalla cucina thailandese a quella occidentale, frutta – ed essendo in Grecia, non potete immaginare che frutta meravigliosa... C'era un McDonald's con un bancone lungo trenta metri, tutto gratis ventiquattr'ore su ventiquattro! Quando ho finito tutte le mie gare mi sono fiondato là, ho ordinato cinque Big Mac e li ho divorati tutti, uno dopo l'altro. C'ero passato davanti tutti i giorni, ma non potevo mangiare quella roba, dovevo ancora correre, tenermi leggero. Ma appena ho finito le gare, pronti, via: cinque Big Mac!

Al villaggio olimpico c'erano anche due sale ricreazione con enormi schermi tv e postazioni per le Playstation 2, con tutti i giochi delle discipline olimpiche. Alla fine della settimana tutti gli atleti avevano le vesciche sulle mani per l'uso quasi maniacale delle consolle... Si giocava con tutta la serietà del mondo! Era un posto incredibile. C'erano distributori di gelati e bibite a ogni isolato. Ti davano un sistema elettronico per gli ordini, premevi il pulsante e potevi prendere quello che volevi, gratis.

E dopo i Giochi, ho fatto un giro di tutte le isole greche: Mikonos, Paros... Di notte dormivo sulla spiaggia, e di giorno giravo le isole in motorino. È stata un'altra esperienza straordinaria, un momento magico nella mia vita.

Ma soprattutto, partecipando alle Paralimpiadi di Atene, mi si sono aperti gli occhi su tante cose: lì mi sono reso conto di quanto avevo perso non frequentando gli atleti come me, e partecipando con tanto distacco ai campionati sudafricani per disabili. Gareggiando negli sport con i normodotati non avevo mai sperimentato quei livelli di cameratismo, passione e spirito sportivo.

L'atmosfera delle gare per disabili è proprio unica: certo, c'è competizione, si gareggia tra atleti professionisti, ma c'è anche un grande rispetto reciproco. Quando ho capito quanto fosse diverso l'atteggiamento, ho rimpianto di non avere mai partecipato prima alle iniziative paralimpiche, soprattutto alle gare degli atleti amputati, dove il livello della competizione è molto elevato. Ai livelli più alti, il divario tra i tempi di qualifica e i tempi delle finali si riduce progressivamente, e questo significa che un atleta disabile deve dare tutto, deve impegnarsi moltissimo. Sulla linea di partenza è una gara vera: ciascuno è l'avversario dell'altro, vuole vincere, ce la mette tutta per arrivare primo. Ma dopo la gara, si va a cena tutti insieme a fare due chiacchiere. Lo sport dovrebbe sempre essere così. Senza ostilità. Dovrebbe unire le persone, non dividerle.

Ad Atene, qualche giorno prima delle mie gare, ho fatto un incontro straordinario, che ricorderò per tutta la vita. Seguivo da spettatore una gara di nuoto, credo fossero i 200 metri farfalla, e uno degli atleti, a cui mancavano un braccio e le gambe, impiegò il doppio degli altri ad arrivare in fondo. Ma non sembrava nemmeno notare gli altri nuotatori. Gareggiava per se stesso. Dopo la gara, sono andato a parlargli per dirgli che l'avevo trovato straordinario. Quel giorno avevo i pantaloncini corti, quindi le protesi erano chiaramente visibili. Lui mi ha chiesto quale fosse la mia specialità: gli ho spiegato che ero un velocista e che partecipavo per la prima volta a una gara così importante per disabili. E lui mi rispose che non trovava niente di «disabile» in quello che faceva. Che per lui non c'era nessuna differenza, che non pensava ai tempi degli altri atleti, ai tempi dei vincitori. La sua gara era contro se stesso: la cosa più importante era migliorare i suoi tempi. Quel giorno mi sono reso conto che anche per me era così.

Quando la gente mi chiede perché voglio partecipare alle Olimpiadi, senza la certezza di qualificarmi per le finali o le semifinali, rispondo che non è quello che mi interessa. La questione non è confrontarmi con gli altri. È stato così anche alle Paralimpiadi. Per quanto sia bello vincere, è meglio arrivare secondo e migliorare il tuo tempo che arrivare primo con un tempo peggiore del tuo record. Io voglio correre per me stesso. L'ho capito proprio gareggiando ad Atene. Quello che conta non è battere gli avversari, ma i tuoi limiti. E questo credo sia lo spirito che dovrebbe sempre animare lo sport. Tanti problemi nascono dalla mancanza di questa visione. Il doping, per esempio, è proprio figlio di un atteggiamento in cui ciascuno si sforza di fare un tempo migliore dell'avversario, invece di migliorare il proprio. E con il doping, anche sei fai un tempo eccellente, non è perché hai superato te stesso: se sei dopato non sei *tu* a gareggiare.

Spesso mi chiedono perché voglio partecipare alle Olimpiadi e non mi accontento di poter gareggiare alle Paralimpiadi. Ma per me le due cose non si escludono a vicenda. Se riuscirò ad andare alle Olimpiadi non significa che smetterò di partecipare alle Paralimpiadi. È solo una strada in più. Qualunque atleta vuole mettersi alla prova nelle gare di massimo livello. Un pilota aspira alla Formula Uno: ci sono molte altre gare importanti, ma la Formula Uno è il massimo. Lo stesso vale per un atleta. Non credo che le Paralimpiadi siano inferiori, sono un'altra cosa, e una competizione splendida, ma le Olimpiadi sono il massimo palcoscenico mondiale: oltre quello non c'è più niente.

Io non mi considero né un atleta olimpico né paralimpico. Sono un atleta e basta. Sono un velocista.

## Normale e speciale

Medaglia d'oro alle Paralimpiadi di Atene... in quel momento non me ne rendevo ancora conto, ma la mia vita era cambiata per sempre. Improvvisamente ero diventato famoso. I media mi avevano trasformato in una specie di eroe per i disabili di tutto il mondo.

Quando sono tornato in Sudafrica l'impatto con la nuova realtà è stato molto stressante. Ancora non lo sapevo, ma il mio nome era su tutti i giornali. Ero partito sconosciuto e al mio rientro tutti mi chiedevano interviste. Un fatto completamente nuovo per me. I primi tempi è stato bellissimo, ma dopo un po' mi sono ritrovato spossato, esausto. Credo fosse più o meno novembre. Cominciavo ad accusare la fatica per la tensione delle gare e per l'attenzione anche un po' invadente dei media. Così mi sono preso una vacanza di un mese e mezzo e sono andato al mare con i miei. Da allora sono cambiate moltissime cose.

Quel primo cambiamento è stato drastico, ma in seguito le cose si sono fatte più graduali. Adesso riesco a gestire meglio l'attenzione dei media, perché è diventata una costante nella mia vita. Ma allora, nel 2004, la notorietà mi era piovuta addosso in modo troppo brusco, e ci ho messo un po' a prendere in mano la situazione. Ero giovanissimo, e assai ingenuo: credevo che tutti i giornalisti fossero brave persone, e me la prendevo molto quando scrivevano cattiverie. Poi però ho capito che non possono sempre scrivere bene di te. A volte riportano eventi positivi, a volte negativi. In fondo, l'unica cosa che mi interessa davvero adesso quando parlo con i giornalisti è la possibilità di dare un contributo al cambiamento di mentalità nei confronti degli sport paralimpici.

L'anno scorso in una conferenza stampa a Londra ho espresso questa opinione: molti giornalisti scrivono solo cose positive a proposito degli sport paralimpici. Io penso che non sia giusto. In questo modo non si stimolano gli atleti a migliorare. Immaginiamo che qualcuno abbia vinto una gara alle Paralimpiadi con un tempo scadente: se tutti i commentatori sportivi ne dicono comunque un gran bene, non sarà spronato a lavorare per migliorarsi.

Mi è capitato spesso di leggere articoli su campioni che conosco, pieni solo di lodi sperticate al «valore sportivo», alla «bellezza della gara»... Poi guardavo il risultato cronometrico ed era pessimo: sapevo che quell'atleta aveva corso molto meglio sei mesi prima. Negli altri sport, quando un campione fa una brutta gara nessuno lo tratta con i guanti di velluto. I giornalisti scrivono senza giri di parole che ha corso male, e gli chiedono di spiegare perché non si è allenato o cosa pensa di avere sbagliato nella preparazione. Gli atleti paralimpici vogliono essere trattati da professionisti, ma per ora non ricevono dai media gli stimoli di cui avrebbero bisogno. Quando è il caso i giornalisti dovrebbero scrivere che un atleta, anche se ha vinto, non ha dato il meglio di sé.

Il mio coinvolgimento con gli sport paralimpici è recente, ma credo di poter dire che la stampa tende a parlare sempre dell'aspetto simbolico, dell'ispirazione che si può trarre dagli atleti disabili. Si concentra sugli aspetti emozionali, non su quelli fisici o prettamente sportivi. Invece credo che sia più utile trattarci come persone normali: abbiamo bisogno di critiche, come chiunque altro. Fa parte dello sport. Se corro i 100 metri in dodici secondi e tutti si congratulano per quanto sono stato bravo, non sarò mai stimolato a migliorare, perché ho l'impressione che non faccia nessuna differenza. Con questo atteggiamento gli sport paralimpici non saranno mai presi sul serio, finché gli atleti non verranno trattati come veri professionisti.

Anche perché nell'atletica, se perdi o se fai una pessima gara la colpa è solo tua, non puoi dare (come nel rugby, o nella pallanuoto) la responsabilità all'ala che non ha giocato bene, o al difensore che non ha fatto il suo dovere o peggio ancora all'arbitro. Nell'atletica sei stato tu a non allenarti abbastanza. Perché sei da solo e perché corri per te stesso.


In questo senso gli sport di squadra mi mancano un po'. Nel rugby, quando vinci, significa che la squadra ha lavorato bene, è stata unita; e anche quando perdi si è tutti insieme nella sconfitta. Mentre in atletica sei solo. Le decisioni che prendi dipendono da te. Con gli amici gioco ancora a «touch rugby», sono partite di livello amichevole, senza contatto pieno, con meno spinte e placcaggi, perché adesso una partita vera e propria non posso giocarla, non posso rischiare di farmi male. Del rugby mi mancano tante cose: la squadra, il cameratismo, l'atmosfera, la passione. In atletica il massimo che puoi avere in questo senso è la staffetta. A scuola correvo la staffetta, e per me era la cosa più emozionante del mondo. Si è come fratelli, compagni d'arme: quattro corridori, ciascuno che corre da solo, ma dando il meglio per la squadra. Ciascuno spinge al massimo, perché non vuole deludere il compagno che lo ha preceduto, mettendoci tutto il proprio impegno. Io facevo sempre l'ultima frazione. E la pressione a quel punto era al massimo, sprizzavo adrenalina, non avevo nemmeno il tempo di pensare, afferravo il testimone e scattavo.

Anche la pallanuoto mi piaceva molto. Giocavo senza protesi. Il problema con il nuoto, o il ciclismo o la maratona, è che sono tutti sport di resistenza. Mentre un velocista lavora su un'attività anaerobica: un'azione meno prolungata, più esplosiva. Vista la mia costituzione corporea sono più portato per questo tipo di discipline. Ciascuno di noi ha certe caratteristiche fisiche innate: le mie fibre muscolari sono più adatte per la velocità.

Nella pallanuoto si giocano quattro tempi, ma io non sono mai riuscito a disputarli tutti fino in fondo: mi stancavo troppo. Per quanto mi allenassi, per quanto fossi in forma, al quarto tempo arrivavo comunque spossato. Ho sempre preferito giocare tre tempi molto intensi, e sul quarto giocare più rilassato. Sono più esplosivo che resistente. Se devo correre da qui alla staccionata, posso essere più veloce di un altro che fa jogging, ma sulla distanza resisterebbe meglio lui.

Degli altri sport mi manca l'allenamento quotidiano, ma se pratichi una disciplina a livello professionistico devi fare le tue scelte in funzione di quello che è meglio per quella disciplina. E, per lo sport che faccio adesso, percorrere venti chilometri in bicicletta sarebbe controproducente. Anche se sarei in grado di farlo, e potrebbe essere positivo per tenermi in forma in senso generale, non è positivo per il mio fisico, perché non voglio sollecitare la produzione di fibre muscolari lente.

Per questo, malgrado adori ancora la pallanuoto, o il rugby, che comporta correre per ottanta minuti, sono costretto a rinunciarvi: quel tipo di attività è controproducente per la mia specialità. Sia in allenamento sia in palestra non faccio nessun tipo di esercizio che duri più di due minuti. E persino quello è troppo. C'è un libro di Barry Ross, che si intitola *Underground Secrets to Faster Running*; l'autore ha fatto l'allenatore per trent'anni. Nel tempo si è reso conto che le sedute di allenamento devono durare pochissimo ed essere sempre orientate allo sport che pratichi. Per esempio: le trazioni con le braccia. Per me è meglio fare flessioni, perché in atletica deve spingerti via dal terreno, mentre con le trazioni il movimento è *verso* qualcosa. Quindi tutto, anche i più piccoli dettagli, deve essere specificatamente orientato alla tua disciplina. Faccio molti esercizi di esplosività: salto da una piattaforma, e appena atterro rimbalzo verso l'alto.

Non faccio gli esercizi con le protesi da corsa ma con quelle ordinarie, che uso ogni giorno. Sono sempre un po' distrutte, perché le rovino andando in giro, le brucio sulla marmitta della moto, ma vanno benissimo, sono proprio le mie gambe. Tutte le mattine, molto presto, mi alleno in palestra sotto la guida di un famoso ex pugile, Sebastian Rothman. È bravissimo, un grande.

Insomma, tutto quello che faccio è in funzione del mio sport. Perché non corro solo sulla pista: anche quando mi alleno, o nel corso della giornata, devo pensare alla corsa. Soprattutto quando si tratta di alimentazione. Di sera non mi servono tanti carboidrati, perché non ho bisogno di molte riserve di energia. Al contrario, devo mangiare proteine per l'esplosività: pollo, pesce. Quando giocavo a rugby, la sera mangiavo cinque filoni di pane con il burro di arachidi (che adoro ☺), e me lo potevo permettere, perché correvo a lungo e bruciavo molte calorie. Nella corsa non se ne bruciano così tante: lo sforzo non dura abbastanza per bruciare i carboidrati o i grassi, il corpo utilizza solo le energie conservate nei muscoli.

Purtroppo, però, io adoro i carboidrati: quando giocavo a rugby non mangiavo altro che pane, patate, pasta. Quando sono passato all'atletica, pensavo che si trattasse soltanto di cambiare sport. Poi ho letto dei libri, ho parlato con un po' di persone che mi hanno spiegato le differenze fra le varie fibre muscolari, e mi sono reso conto che dovevo rinunciare al rugby. Già tre settimane dopo avere smesso di giocare a rugby la mia corsa era migliorata. Poi mi sono informato sull'alimentazione: ho smesso di mangiare pane e pasta e ho cominciato a privilegiare le proteine. Adesso, alla fine dell'allenamento mi sento più stanco, ma sono più forte; all'inizio mi sento molto più potente perché la mia muscolatura recupera meglio. Incamero meno energie, ma in realtà quelle energie in più non mi servono. Sono tutte piccole cose che impari lungo la strada, e che sono davvero importanti. Devi adattarti poco alla volta. Se adesso dovessi tornare a giocare a rugby probabilmente mi stancherei molto, perché non ho le riserve di energia necessarie a correre a lungo da un capo all'altro del campo.

Nel complesso, essere un atleta è uno stile di vita. Anche fare l'avvocato è uno stile di vita, perché lavori dalle otto del mattino alle sette di sera, hai un'alimentazione disordinata, magari mangi un panino a pranzo e poi fai una cena splendida con un cliente... Qualsiasi professione richiede dei sacrifici, ed è così anche per l'atletica. Devi cambiare le tue abitudini, e non solo quelle alimentari. Non puoi dormire solo cinque o sei ore per notte: hai assolutamente bisogno di otto o nove ore di sonno, devi riposare. Gli allenatori della vecchia scuola ti costringevano ad allenamenti molto duri, ma dopo potevi fare quello che ti pareva. Oggi prepararsi così non basta più. Devi allenarti sodo, alimentarti in modo corretto, riposarti quanto serve. L'atletica non è solo una carriera, un lavoro che ti impegna per molte ore al giorno: lo ripeto, è uno stile di vita. Prima ti adatti al nuovo stile di vita, prima miglioreranno i tuoi risultati.

Negli ultimi quattro anni la mia vita è cambiata

radicalmente. Prima di iniziare a correre andavo a letto a mezzanotte. Adesso alle dieci non riesco già più a tenere gli occhi aperti. Il sabato sera potrei uscire, perché il giorno dopo non mi alleno, ma finisco sempre per guardare un dvd a casa. Se vado al cinema mi addormento a metà del film! Un disastro.

Tra dieci anni magari sarà diverso, ma adesso non posso permettermi di sgarrare. I miei amici, i miei coetanei, vanno all'università e hanno ritmi ben diversi: di giorno studiano e la sera escono, vanno alle feste, bevono. Stanno vivendo una fase della loro esistenza che non può essere la mia, in questo momento. Il mio modo di vedere la vita è completamente cambiato in questi anni. Da Atene a oggi non sono più la stessa persona. Qualcuno mi rimprovera di questo, dice che non sono più lo stesso, ed è vero, perché ho visto con i miei occhi tante cose che mi hanno spinto a fare scelte diverse.

Per esempio, un'esperienza completamente nuova è il progetto che sto seguendo contro le mine antiuomo. Se vado in giro a Pretoria vedo gente tranquilla, che esce a bere e mangiare senza preoccupazioni, ma a seicento chilometri di distanza vivono migliaia di persone che non hanno da mangiare, non hanno un tetto sopra la testa. E stanno a due passi da noi. A cinquanta chilometri da casa mia c'è una *township* dove la vita è durissima. E in Mozambico migliaia di persone hanno perso, e continuano a perdere, gli arti sulle mine.

Non mi sarei mai reso conto di queste realtà se non avessi potuto constatare di persona queste situazioni, e non le avrei mai notate se non mi fossi trovato nella posizione in cui sono oggi. Adesso c'è chi mi chiama e mi dice che la mia presenza può essere davvero d'aiuto, così mi invitano ad andare a vedere quello che sta succedendo in posti come quelli. Grazie a queste esperienze la mia visione della vita è cambiata radicalmente. Do più valore a quello che ho e all'umanità delle persone. Mi rendo conto di essere stato molto fortunato.

Il mio obiettivo adesso, a parte i traguardi sportivi, è quello di rendermi utile. Voglio mettere in piedi un'organizzazione non governativa per raccogliere fondi da impiegare nell'acquisto di protesi per gli amputati in Africa. Vorrei riuscire a progettare un piede artificiale a basso costo. In realtà queste protesi non sono carissime di per sé, ma se le compri dalle aziende ovviamente devi considerare il loro margine di profitto. Se riuscissimo a produrle direttamente, invece, potremmo risparmiare tanto da costruirne tre paia contro le due che avremmo potuto comprare fuori. Ne ho parlato con uno degli scienziati che mi ha sottoposto ai test per il mio ricorso al Tribunale arbitrale dello sport di Losanna. Lui mi ha spiegato che esiste già la tecnologia per costruire un piede più leggero e più resistente con materiali a basso costo, perché è di questo che abbiamo bisogno in Africa, dove è difficile garantire l'assistenza e la manutenzione necessarie. Qui le distanze sono enormi, una persona alla quale fornisci una protesi potresti anche non rivederla mai più. Per questa ragione voglio fondare un'organizzazione no profit al più presto.

È facile per me in questo momento usare il mio nome per aiutare le persone, quindi sento la responsabilità di doverlo farlo. Molte persone famose vedono questa responsabilità come un peso, e pensano che basti devolvere cinquantamila dollari in beneficenza per mettersi la coscienza a posto. Ma io credo che si possa fare molto di più che limitarsi a dare soldi. Puoi legare il tuo nome a un'iniziativa. Puoi donare il tuo tempo, in Africa o in qualunque altro Paese. Dappertutto c'è bisogno d'aiuto.

Il Mozambico è la scelta migliore per me perché sono sudafricano e perché anch'io sono amputato:

mi sento molto vicino a quelle persone. In Mozambico ho visto gente simile a quella che ho conosciuto ai Giochi paralimpici, che si accontenta di quello che ha. Non hanno molto, ma sono felici. Come gli atleti paralimpici, come quel nuotatore straordinario che ho conosciuto ad Atene. Magari non hanno un braccio, o le gambe, ma stanno bene. A volte mi sento stressato, infelice, la vita mi sembra dura perché ci sono le spese della casa, o devo pagare la rata della macchina, e non mi rendo conto di quanto sono fortunato ad avere una bella casa, una bella macchina, una ragazza che mi vuole bene, mentre a due passi da me ci sono persone che non hanno niente.

In Mozambico guadagnano pochi dollari al mese e vivono in capanne di fango. Ma sono allegri, positivi. Sorridono quando ti parlano, non si complicano la vita. Qualcuno potrebbe dire che sono così perché non conoscono altro, ma in effetti non ne hanno bisogno. A volte riescono a essere felici persino quando non sono sani. Ed è un piacere aiutare quelle persone.

A volte mi capita di ricevere telefonate di connazionali che mi dicono di essere disperati perché hanno un figlio che ha perso una gamba in un incidente e non vuole più uscire di casa. Comprendo la loro sofferenza, mi dispiace moltissimo, ma l'unica cosa che posso davvero fare per loro è raccontare quello che ho visto in Mozambico, perché chi è depresso e non trova la forza di aiutare se stesso possa capire quanto è fortunato e avere uno stimolo a godere la vita per com'è.

In Mozambico ho incontrato una signora di settant'anni che non camminava da trenta. Le abbiamo dato una protesi, e con la gamba nuova si è messa a camminare il giorno stesso: dopo tanto tempo che non stava in piedi, ha imparato di nuovo a muoversi autonomamente, in un solo giorno! Qui in città invece c'è chi perde un arto in un incidente, ma nove mesi dopo è ancora depresso e non vuole muoversi dal letto. Eppure avrebbe a disposizione i materiali più leggeri, la tecnologia più avanzata, il denaro per tutto quello che serve. Ma non conosce certe situazioni, gli mancano i riferimenti, non si rende conto che c'è gente che con una gamba artificiale da mille euro sarebbe strafelice, è forte d'animo e vuole camminare, vuole vivere normalmente. Quella persona magari non trova la motivazione per riprendere a camminare perché crede che la vita gli abbia tolto qualcosa cui aveva diritto, mentre gli altri la vedono come una nuova opportunità. Questo cambia tutto. Puoi perdere una gamba e disperarti pensando che la vita ti abbia fregato, oppure – con un atteggiamento diverso – ritenerti fortunato perché oggi esiste una tecnologia in grado di farti camminare come una persona normale.

Se Dio mi chiedesse: «Oscar, posso ridarti le gambe: le vuoi?» io dovrei rifletterci. Non risponderei subito di sì. Perché in realtà non mi sento affatto fregato dalla vita. Se avessi avuto le gambe non sarei diventato l'uomo che sono, credo che non avrei avuto questo stimolo a superare me stesso e diventare un atleta. Sarei come un sacco di altri ragazzi, che si impigriscono. Forse non avrei mai scoperto il mio potenziale e avrei avuto una vita più ordinaria.

C'è chi mi chiede: «Com'è avere le gambe artificiali?».

Io rispondo sempre che non lo so, perché non so come ci si senta ad *avere* le gambe. Dico: «Provaci tu a spiegarmi come ci si sente ad avere le gambe e forse a quel punto riuscirò a spiegarti com'è portare le protesi».

Certo, qualche volta ci sono degli svantaggi: come capita a ogni uomo, un giorno ti siedi a un tavolo di fronte a una bellissima bionda, e lei ti fa piedino... Be', io non saprò mai cosa si prova! Scherzo, naturalmente, ma credo che sia questo il modo giusto per affrontare la questione. Perché non la puoi cambiare. Non ci puoi fare niente.

Si può scherzare su tutto, io lo faccio sempre sulle mie gambe. Un giorno, a una conferenza in un'azienda, un signore anziano si è alzato e mi ha chiesto: «Oscar, tu vai alle feste con i tuoi amici?».

Gli ho risposto: «Sì» anche se non capivo dove volesse arrivare. «Sì, se il giorno dopo non ho un allenamento, mi capita di uscire, di andare a bere con gli amici.»

E lui: «Ma bevi molto?».

«No, non molto, ma una volta ogni uno o due mesi vado con gli amici e bevo. È normale, ho vent'anni.»

E lui: «Però a te non serve bere troppo, perché sei già *legless*\*!».

Quel tipo mi ha fatto molto ridere! Aveva un gran senso dell'umorismo e soprattutto lo usava con un «disabile»: mi stava trattando alla pari, senza nessuna pietà, esattamente come mi vedo io stesso e come vorrei che gli altri mi vedessero sempre. Penso che sia così per chiunque abbia un problema come il mio. Non avere le gambe in sé non è divertente, ma puoi riderne comunque, perché deprimerti e inasprirti non servirà a cambiare le cose.

\*N.d.R.: È un gioco di parole intraducibile: *legless* significa sia «senza gambe», sia «sbronzo marcio».

C'è un pensiero che per me è molto importante: «Non sono le nostre disabilità che ci rendono disabili, ma le nostre abilità che ci rendono abili». Perché tutti abbiamo qualche disabilità: magari un problema mentale, o fisico. Ma possediamo anche milioni di altre abilità, che ci possono permettere di superare i nostri limiti e le nostre difficoltà. Tanti mi dicono: «Come fai a non definirti disabile se hai le gambe artificiali?». La mia risposta a questa domanda è che nel novanta per cento delle attività fisiche sono migliore di loro, che pure hanno le gambe. E qualcuno potrà anche dire che avere le protesi è una disabilità, ma non mi sembrerebbe giusto lasciare che questo metta in ombra tutte le mie abilità.

Le persone mutilate che ho incontrato in Mozambico hanno lo stesso atteggiamento. Hanno adattato la loro vita a quello che è successo, senza perdere la speranza. Il progetto nel quale sono stato coinvolto è stato fondato da Sir Richard Branson, si chiama Sole of Africa. Sono stati loro a contattarmi: un giorno mi hanno telefonato, spiegandomi che raccolgono fondi per iniziative di questo tipo e chiedendomi di partecipare alle loro attività.

Sostengo anche un'altra associazione di beneficenza in Sudafrica, che si chiama Chaeli Campaign. L'iniziativa è nata da cinque bambine, ed è cominciata quando avevano nove anni. Una di loro è nata con una gravissima lesione cerebrale. Aveva bisogno di denaro per una sedia a rotelle elettrica, ma i suoi genitori non se la potevano permettere. Così le altre bambine – tre amiche e la sorella maggiore – si sono messe a fare tavolette di cioccolata che poi rivendevano, come le piccole scout che si vedono nei film. In due settimane hanno raccolto ventimila rand, circa duemila euro, abbastanza per comprarle la sedia a rotelle. Visto quanto era stato facile, sono andate avanti, devolvendo i soldi che raccoglievano ad altre iniziative di beneficenza. Adesso hanno tredici o quattordici anni, hanno fondato una propria Ong, e comprato centosettanta sedie a rotelle elettriche per i bambini sudafricani affetti da paralisi, e non ricordo più quanti di quei sistemi a carrucola che servono per sollevare i malati dal letto o metterli nella vasca da bagno. Trovo che sia un esempio bellissimo di aiuto reciproco.

Ora queste ragazze hanno anche fondato una mensa, nel centro di Città del Capo, dove tutti i lavoratori sono affetti da lesioni cerebrali. Non puoi ordinare quello che vuoi: ti siedi e accetti quello viene servito, e non c'è un vero costo per il pasto, si accettano solo donazioni. In questo modo quelle persone hanno un impiego, perché una parte di quanto hanno raccolto viene spartito alla fine della giornata tra i lavoratori, e il resto va in beneficenza. Dal punto di vista di quelle persone è un sostegno molto importante, perché è difficile trovare un lavoro per chi ha questo tipo di problema. Ed è difficile anche per le loro famiglie, che devono occuparsi di loro tutto il giorno. Invece, in questo modo, se un familiare ha un problema del genere, può accompagnarlo al lavoro la mattina e tornare a prenderlo la sera: durante la giornata ha qualcosa da fare, ha la sua autonomia, un lavoro, guadagna, può spendere il proprio denaro. La trovo un'idea magnifica. Molte aziende adesso portano i clienti là a pranzo, ed è un ambiente bellissimo. Le persone che ci lavorano sono sempre sorridenti, c'è una bella atmosfera. Frequentare un posto così ti dà anche il senso che stai restituendo qualcosa dei privilegi di cui godi.

Sia la Chaeli Campaign sia Soul of Africa sono associazioni di beneficenza davvero straordinarie, sono molto contento di avere conosciuto queste persone e di poter collaborare con loro. Però voglio comunque fondare una mia Ong. I costi di avviamento saranno piuttosto alti, perché vorrei fare le cose come si deve. Con Hugh, il tecnico che ho conosciuto durante i test americani, abbiamo parlato della possibilità di attrezzare un camion con un laboratorio all'interno, in modo da non avere bisogno di una sede, ma poter andare in giro costruendo le protesi da un villaggio all'altro. È molto importante portare aiuto e assistenza lì dove vivono le persone che ne hanno bisogno: molti di loro non possono restare lontani da casa per più di due o tre giorni. Quando si presentano a un centro arrivano la mattina e hanno bisogno della gamba quel pomeriggio stesso, per potersene tornare subito a casa.

Ci sono molte cose da fare, ma credo che sia importante iniziare. Ci sono molte associazioni che si impegnano per la bonifica dalle mine antiuomo, ma non pensano a chi è già stato colpito. Ci sono migliaia di mine, è vero, ma anche milioni di persone già menomate dalle stesse. È importantissimo prevenire, fermare questo disastro, ma bisogna anche preoccuparsi dell'uomo (o del bambino!) a cui ieri è saltata una gamba su una mina.

Bisogna pensare ai destinatari: loro hanno bisogno di gambe che durino a lungo e che siano leggere, perché percorrono grandi distanze, camminano per chilometri e chilometri ogni giorno. Quindi dovremo usare materiali leggeri, resistenti, e al tempo stesso economici, perché è meglio dare le gambe a cinque persone che a tre.

Quando sono partito per il Mozambico pensavo che finalmente avrei avuto l'opportunità di aiutare qualcuno, ma al ritorno mi sono reso conto che avevo ricevuto molto di più, dal punto di vista mentale, spirituale, di quello che avevo dato. È facile arrivare lì, con le migliori intenzioni, pensando: «Che bello poter condividere le cose belle che ho, le possibilità, il denaro, con chi non ha niente e sta così male». Non immaginavo che avrei incontrato persone così serene, non ero preparato a ricevere.

L'esperienza che ho vissuto in quei posti mi ha cambiato davvero, è stata importante e mi ha fatto crescere molto come uomo. Mi dispiace solo di una cosa: non averne potuto parlare con mia madre, non aver potuto condividere con lei i pensieri che ho fatto dopo quel viaggio. Perché lei avrebbe capito perfettamente, sono certo che sarebbe stata (e mi piace pensare che lo è, che può vedermi e seguire la mia vita) molto felice che io abbia avuto l'opportunità, proprio in un momento di fortuna, di successo, di confrontarmi con una realtà completamente diversa dal mondo dorato in cui vivevo da tanti mesi, circondato improvvisamente di attenzioni, fan, giornalisti, sponsor.

Mamma ci ha sempre insegnato, in tutte le fasi della nostra vita – sia nei periodi più fortunati sia in quelli difficili – che l'amore è questo: sacrificare il tempo, prestare attenzione per fare le cose nel modo migliore e per aiutarsi a vicenda secondo le proprie possibilità. Lei si teneva in contatto con altri genitori di bambini che avevano altre disabilità, ai quali mancava una mano, per esempio. Era impegnata a farmi condurre una vita normale, ma allo stesso tempo voleva aiutare anche altri che soffrivano, che avevano problemi simili ai miei. Ci diceva sempre che tante persone normali, unite per aiutarsi a vicenda, danno vita a una forza speciale.

# Golden boy

Sono stato fortunato a poter fare esperienze importanti, sotto molti aspetti, così giovane. Oltre allo sport, che mi stava dando soddisfazioni e opportunità straordinarie, con Vicky ho avuto un rapporto molto profondo, impegnato, un amore davvero intenso, ma mi sono anche reso conto che queste cose ti possono davvero spezzare il cuore. Era un sentimento talmente grande che vivevamo ogni momento, positivo o negativo, come una cosa enorme.

C'erano tra noi litigi tremendi. Un'estate (doveva essere il dicembre 2005) ero in vacanza con i miei amici a Durban, a circa seicentocinquanta chilometri da Johannesburg, mentre lei era rimasta a casa. Ci sentivamo spessissimo e una notte, dopo una litigata furiosa al telefono, ho deciso di tornare subito per fare la pace. Avrei fatto meglio ad aspettare, anche perché lei era furibonda e non mi avrebbe perdonato comunque, ma sono partito da Durban alle tre di notte. Più o meno a metà strada ho cominciato a sentirmi veramente stanco, però ho proseguito lo stesso. Credevo di farcela ma stavo crollando, mi si chiudevano gli occhi: senza rendermene conto mi sono addormentato e sono andato a finire contro il guardrail. La fiancata dell'auto era distrutta, lo specchietto era andato e i fari rotti. Ho commesso un errore davvero stupido, e me ne pento ancora oggi. Quella notte ho rischiato molto, e la mia adorata Smart, dopo l'incidente, era conciata così male che l'ho fatta riparare ma alla fine ho preferito venderla.

Poi c'erano i momenti tranquilli, felici, in cui avremmo fatto qualunque cosa uno per l'altra. Quel San Valentino, per esempio (nel frattempo avevamo fatto pace, risolto quel problema che mi sembrava tanto importante da farmi precipitare da Durban e che adesso non ricordo neanche più ☺), l'abbiamo festeggiato in maniera speciale. La notte precedente sono andato davanti a casa sua mentre dormivano tutti, ho appeso duecento palloncini colorati, tutti gonfiati a bocca (una fatica!), nel vialetto d'ingresso, sugli alberi del giardino, sulla staccionata... E alle due del mattino, con la vernice spray, ho scritto «ti amo» sulla strada di fronte al cancello. Era una scritta enorme, gigantesca. La mattina dopo Vicky si è alzata, convinta che avessi dimenticato San Valentino perché non l'avevo ancora chiamata per farle gli auguri, e uscendo di casa si è trovata davanti tutti i palloncini colorati, e la scritta, enorme, sulla strada. Era davvero gigantesca: ogni lettera era grande due o tre metri. Io la chiamavo «tigre», così le ho scritto: «Ti amo, tigre». Una pazzia. Si è commossa tanto, quando mi ha chiamato per ringraziarmi non riusciva a frenare le lacrime di gioia.

Siamo stati insieme altri nove mesi.

Poi, quando il mio amico Ryan ha avuto un incidente stradale, e dopo una settimana in ospedale è morto, ho provato un dolore così grande che per un sacco di tempo non ci stavo con la testa. Era il primo aprile 2005. Ero davvero molto depresso, mi sono chiuso in me stesso, e Vicky ha avuto l'impressione che volessi allontanarla. Quell'episodio è diventato una specie di barriera tra noi. Non parlavamo più, ero sottosopra, e a un certo punto, a maggio, ho deciso di andare due settimane in Inghilterra per partecipare alla Coppa del mondo per disabili di Manchester. Stavo evitando di affrontare il problema con lei. Mentre ero lì abbiamo deciso di lasciarci: è stato tremendo, perché non potevo fare niente, ero bloccato all'estero, mentre avrei voluto vederla e parlare di queste cose con lei faccia a faccia. Quando sono tornato e ho cercato di chiarire, lei è stata molto ferma: soffriva anche lei, le dispiaceva molto, ma non se la sentiva di tornare con me, perché ero stato io ad allontanarla. Dopo quella volta non ci siamo più rivolti la parola per otto mesi. Eravamo entrambi molto arrabbiati, credo, ed è stato uno dei periodi peggiori della mia vita.

La mia carriera sportiva intanto non accennava a rallentare, mi allenavo tanto, avevo soddisfazioni e grandi onori. L'anno prima, oltre a partecipare alle Paralimpiadi di Atene, in Sudafrica avevo preso parte a diverse gare riconosciute dalla Iaaf, l'Associazione internazionale delle federazioni di atletica leggera, mettendomi alla prova su tutte e tre le distanze (100, 200 e 400 metri).

Nel marzo del 2005 ho corso i 400 metri nel campionato nazionale sudafricano, arrivando sesto nella finale. Grazie a quel risultato, nel corso dell'anno ho cominciato a ricevere inviti agli eventi internazionali di atletica, come il Grand Prix Iaaf di Helsinki in agosto. Non sono potuto andare a Helsinki, ma anche solo essere ammesso a una competizione di quel livello era di per sé un bellissimo successo, e avrei voluto vivere quei momenti con un altro spirito.

Ero molto triste. Mi svegliavo la mattina in lacrime, non volevo vedere nessuno. Soffrivo tanto per la mancanza di Vicky: è una persona speciale, molto matura per la sua età, e per me era diventata qualcosa di più della mia ragazza, era anche la mia migliore amica. Eravamo abituati a telefonarci tre o quattro volte al giorno, parlavamo di tutto, e stavamo sempre insieme quando potevamo: lei abitava con la sua famiglia a circa quaranta chilometri da Pretoria, io andavo a trovarla per il fine settimana, oppure veniva lei da me. E poi proprio in quel periodo stavo andando a vivere da solo, avevamo parlato tanto dell'acquisto della casa, mi aveva aiutato a sistemarla, a scegliere i mobili...

Era la prima casa davvero mia: da un anno avevo lasciato il collegio e vivevo a casa di zio Arnold, il mio padrino, il fratello di mio padre. Mi ero trasferito dagli zii nel periodo delle Paralimpiadi, per l'ultimo anno di scuola. Ho ancora la mia camera da loro, ogni tanto vado a trovarli e sto lì qualche giorno. È bellissimo arrivare e trovare gli zii che mi accolgono a braccia aperte (e poi da loro si mangia benissimo! ☺), mi sento proprio a casa. Siamo molto legati, per me sono come genitori: ci sentiamo spesso, si interessano di tutto quello che faccio, di come sto. Una volta alla settimana faccio pugilato con Arnold, la mattina. È come un secondo padre per me.

Con mio padre in quel periodo le cose erano diventate un po' difficili. Non siamo mai arrivati a una vera rottura dei rapporti, siamo sempre rimasti molto vicini, ma fin dal mio debutto nell'atletica lui mi faceva da manager, ed è complicato per tutti, credo, quando il lavoro si mette in mezzo fra genitori e figli, soprattutto a diciotto anni: sono due dimensioni completamente diverse, e il tipo di rispetto che provi per una figura complica quello per l'altra.

Ho imparato molto da alcuni momenti faticosi e da certe discussioni che avremmo potuto evitare, finché a un bel momento ci siamo detti che il lavoro è importante ma la famiglia ancora di più, e abbiamo deciso insieme che preferivamo stare bene come padre e figlio e basta, senza mettere in mezzo altre cose. Così mi sono cercato un altro manager, e lui è andato a vivere a Città del Capo, dove gestisce una miniera di solfati, ha una nuova compagna e sta benissimo. Ci vediamo tutte le volte che possiamo, ci sentiamo molto spesso.

Da quel momento in poi ho cambiato due manager, prima di entrare l'anno scorso nella scuderia di Peet\*. È proprio vero che per un atleta molto impegnato, che viaggia tanto, il manager diventa una figura in qualche modo familiare: si passa un sacco di tempo insieme, è una persona che entra nel tuo lavoro ma anche nella tua vita... Ricordo che a Carl non piaceva molto il primo manager dopo papà, abbiamo avuto una lite tremenda per causa sua. Mi aveva invitato a passare l'estate con lui, e Carl, quando gliel'ho detto, ha iniziato a urlare al telefono: «Quindi avresti deciso di partire per le vacanze di Natale con il tuo manager, invece di passarle con la tua famiglia? Quindi è deciso, adesso la tua famiglia è quella lì. Se è questo che vuoi vai con lui, divertiti!».

E mi ha sbattuto il telefono in faccia. Poi un momento dopo ha richiamato: «Ti voglio bene, non preoccuparti, cerca di stare bene, ci vediamo quando torni».

Con Peet mi trovo benissimo, non solo perché è bravo ed è uno dei pochi manager che ha scelto di lavorare con pochissimi atleti proprio per poterci seguire meglio (una vera rarità, nel nostro ambien-

---

\* Peet van Zyl, il manager che segue Oscar dal 2007.

te!), ma perché è una persona tranquilla, positiva. Non riesco a immaginare come avrei affrontato tutti gli eventi dell'ultimo anno senza di lui. È difficile vederlo abbattuto o nervoso, forse perché è abituato a gestire i giocatori di rugby che si cacciano nei guai più incredibili dopo certi terzi tempi particolarmente sfrenati... Mi ha raccontato che una volta è dovuto uscire di casa in piena notte perché un paio dei suoi giocatori, a fine partita, avevano fatto talmente tanto casino al pub che la polizia li aveva messi dentro, e lui è dovuto correre a recuperarli pagando la cauzione!

A dire il vero anch'io una mattina presto l'ho tirato giù dal letto per un motivo abbastanza strano. L'ho chiamato urlando: «Peet, non trovo più le gambe!».

Dovevamo partire quel giorno per l'America, ero andato a prendere le mie *blades* nel cofano della macchina, dove le tengo sempre, e non c'erano. Merda! Ero completamente in tilt, avevo rivoltato la casa e non le trovavo proprio da nessuna parte... Ovviamente le aveva prese un mio amico per farmi uno scherzo (simpaticissimo!), senza immaginare in che guaio mi stava cacciando, ma questo l'ho scoperto solo al mio ritorno. E ovviamente Peet ne aveva in ufficio un paio di riserva...

Insomma, avrei voluto già avere Peet come manager quella volta che anch'io sono finito dentro.

Era la fine di agosto del 2006. Ero andato con un amico al poligono di tiro con il mio revolver Smith & Wesson calibro 375, mentre lui aveva una Special calibro 38. Viaggiando mi sono reso conto che in altri Paesi non è così comune, ma in Sudafrica c'è tantissima gente che come me adora il tiro a segno sportivo. E anche tanta gente (ma non io) che invece va al poligono solo per tenersi in esercizio, che possiede una pistola per autodifesa: certe zone del Sudafrica possono ancora essere piuttosto pericolose. Quel giorno, al poligono, ci siamo scatenati: abbiamo sparato in piedi, distesi a terra, seduti... Usando il revolver da seduto qualche residuo di polvere da sparo deve essermi finito sulle protesi, ma al momento non ci ho fatto minimamente caso.

Una settimana dopo stavo già facendo i bagagli: ero in partenza per Assen, in Olanda, per i Campionati del mondo per disabili. L'idea era di fare una toccata e fuga, cioè di tornare a casa subito dopo le gare, ma all'ultimo momento c'è stato un cambiamento di programma: dall'Olanda sarei partito per l'Islanda, dove avrei lavorato per una settimana con i tecnici della Ossur, l'azienda che produce le Cheetah, le mie protesi da corsa. Da lì sarei rientrato in Sudafrica facendo nuovamente scalo ad Amsterdam. Quindi, prima di partire dall'aeroporto internazionale di Johannesburg, sono andato al banco della compagnia aerea per chiedere che mi stampassero il nuovo biglietto. C'era una specie di blackout, i computer non funzionavano, così hanno appiccicato un adesivo scritto a mano sul mio vecchio biglietto dicendomi di non preoccuparmi: appena fosse tornata la corrente avrebbero corretto le destinazioni e le date dei miei voli anche sul sistema.

E sono partito.

Il Campionato di Assen mi ha regalato soddisfazioni straordinarie: ho vinto la medaglia d'oro e migliorato il record mondiale in tutte e tre le distanze su cui corro. Dopo le gare sono andato in Islanda e finalmente, dopo tre settimane, ero pronto per tornare a casa. Durante il viaggio dall'Islanda ad Amsterdam, però, mi sono accorto che avevo perso il biglietto! Pensavo che non fosse una cosa molto grave e quando sono atterrato ad Amsterdam sono andato dritto al check-in. Ho spiegato alla hostess tutta la faccenda. Lei ha controllato al computer, ma non ha trovato il mio nome fra i passeggeri. Deve avere pensato che stavo tentando di fare il furbo: io le ho ripetuto tutta la storia del mio viaggio e dei vari cambiamenti di programma, ma lei non mi ha creduto.

Non mi restava che andare all'ufficio di polizia dell'aeroporto e denunciare lo smarrimento del biglietto, per avere in mano un documento da presentare al check-in e risolvere la faccenda. Quando sono tornato con la mia brava denuncia ho trovato un'altra hostess e gliel'ho consegnata. Lei l'ha presa senza dire una parola e ha cominciato a battere con impazienza sulla tastiera. In meno di cinque minuti di fianco a me si sono materializzati due poliziotti che mi hanno chiesto di seguirli. Mi hanno portato in una stanza. Non riuscivo proprio a capire cosa stava succedendo!

Il primo agente mi ha chiesto se pensavo di essere furbo, e quando gli ho risposto perplesso di no, mi ha accusato di aver dichiarato il falso, di non aver mai avuto un biglietto per Johannesburg e di aver commesso un reato! Ho strabuzzato gli occhi, non ci potevo credere. Ho ripetuto che non sapevo perché il mio nome non comparisse sulla lista dei passeggeri, e ho giurato che avevo fatto correggere il mio biglietto. Ho raccontato la storia dell'adesivo scritto a mano che purtroppo avevo perso.

Per tutta risposta, mi hanno detto che avrebbero fatto dei controlli e che nel frattempo dovevo aspettare in cella.

«In cella?!? Cosa?!?»

Mi hanno rinchiuso insieme a un tipo dall'aria derelitta e poco rassicurante. Aveva l'aspetto di uno che ha passato dei brutti momenti, e portava decisamente male gli anni che aveva, probabilmente non arrivava ai quaranta. La mia esperienza in cella non è stata poi così tremenda, ma mi è sembrato di stare lì dentro per un'eternità... Soprattutto perché il mio nuovo amico continuava a guardarmi come se volesse provarci con me.

Gli agenti sono tornati dopo tre ore e mi hanno fatto uscire. Grazie a Dio! Mi hanno detto di avere risolto il mistero del mio biglietto e che ero libero. Non sono mai stato così felice! Ero ancora in tempo per prendere l'aereo per Johannesburg, mancavano cinquanta minuti al decollo. Mi sono messo a correre, con le valigie e tutto, ho superato il controllo passaporti, ed ero a un passo dal mio gate di imbarco. Mancava solo un ultimo ostacolo: il controllo di sicurezza.

Le mie gambe creano sempre problemi ai controlli, perché fanno scattare il metal detector. Ho appoggiato tutta la mia roba sul nastro trasportatore e sono passato attraverso il detector, che ovviamente si è messo a suonare. L'agente mi si è avvicinato, gli ho spiegato che porto le protesi e lui mi ha fatto entrare in un cubicolo per esaminarle. È normale, mi era già successo.

Ho arrotolato i jeans per scoprire le protesi e il tizio mi ha detto che doveva passarmi un tampone sulle gambe per controllare la presenza di esplosivi o sostanze stupefacenti: era la procedura. Mah... Sarà stata anche la loro normale procedura, però per me era la prima volta.

Comunque, dato che non avevo nulla da nascondere, mi sono fatto controllare senza dire una parola: volevo solo che si sbrigasse, non volevo perdere l'aereo. Lui ha sorriso, ha preso il tampone e si è allontanato dicendo che sarebbe tornato subito. Sono rimasto seduto lì ad aspettare, ripensando a quello che mi era successo nelle ultime tre settimane: alle gare, al lavoro per mettere a punto le nuove protesi, a tutto quello che avevo lasciato a casa e a quanta voglia avevo di tornare. L'agente è tornato con altri tre compari, e questi non erano gentili come quelli che mi avevano arrestato solo quattro ore prima... Mi hanno fatto girare con la faccia al muro, urlando: «Metti le mani dietro la schiena!». Una scena da film! Tanto per peggiorare la mia situazione, quel giorno avevo davvero un look da criminale: bomber nero, scarpe nere, cappellino con la visiera e occhiali scuri. Non proprio una scelta geniale, devo dire... Quando mi hanno riportato all'ufficio di polizia ho avuto una certa sensazione di déjà vu. Alcuni agenti che mi avevano già visto prima mi hanno lanciato un'occhiataccia, come a dire: «Lo sapevamo che avevi fatto qualcosa, teppistello da quattro soldi».

Mi hanno fatto aspettare altri venti minuti prima di dirmi che avevano trovato dei residui di polvere da sparo sulle mie gambe. La mia prima reazione è stata: «Impossibile!». Adesso non solo mi accusavano di essere un bugiardo, ma pure un terrorista!

Forse ho visto troppi film, ma a quel punto ero pronto a chiedere di poter fare la telefonata di diritto e di convocare il mio avvocato... Allo stesso tempo mi veniva da ridere. Purtroppo, invece, loro erano serissimi. Volevano fare un nuovo esame approfondito delle protesi, così me le sono dovute togliere e sono rimasto lì, di nuovo insieme al mio ex compagno di cella. Questa volta gli agenti avevano usato le maniere forti, perciò ero anche ammanettato. Questo, oltre al fatto che era la seconda volta in un giorno che finivo dentro, probabilmente mi ha dato una certa credibilità come criminale, infatti il mio amico si è tenuto a distanza e, dopo aver chiesto qualcosa in olandese all'agente di guardia, non ha più osato nemmeno incrociare il mio sguardo!

Intanto avevo perso il volo. Mi avevano sequestrato il cellulare (comunque non mi sarebbe servito a molto, era completamente scarico), e la cosa che mi dava più fastidio era il pensiero che la mattina dopo zia Diane sarebbe andata a prendermi all'aeroporto di Johannesburg e non mi avrebbe trovato, sicuramente si sarebbe preoccupata, mi avrebbe chiamato cento volte senza riuscire a parlarmi... Sono rimasto in quella cella per altre due ore, poi all'improvviso è apparso un altro poliziotto che mi ha tolto le manette, mi ha restituito i bagagli e mi ha detto che ero libero di andare. In qualche modo sono riuscito a trovare un posto sul primo aereo in partenza per Johannesburg, dopo molte faticose spiegazioni all'ennesima signorina del check-in, e alla fine ce l'ho fatta a tornare a casa.


Devo confessare una cosa di quel giorno: nei momenti passati in cella, la cosa che mi faceva davvero impazzire non era l'assurdità della situazione o la preoccupazione, ma il cellulare scarico. E non solo perché sono abituato ad averlo sempre a portata di mano, tranne quando mi alleno, per tenermi in contatto con i miei amici, anche solo con un sms, o perché avrei voluto avvisare la zia Diane, ma soprattutto perché morivo dalla voglia di raccontare tutto a Vicky, di farmi confortare da lei e magari farci sopra una risata insieme.

Lei si era trasferita a studiare all'Università di Città del Capo a gennaio, e verso febbraio-marzo del 2006 avevamo ricominciato a sentirci. Provavamo ancora tanta rabbia, era stato difficile riallacciare i rapporti, ma ci eravamo resi conto che ci mancavamo molto. Così ero andato a trovarla per un fine settimana che abbiamo passato in una locanda sulla costa: abbiamo parlato, pianto, ci siamo chiariti le idee. È stato un momento emotivamente molto intenso, perché mi era mancata da morire e l'idea di rivederla, e di ripercorrere insieme tutti i mesi in cui non ci eravamo visti, mi metteva in un'agitazione tremenda. Ma dopo quel momento di chiarimento abbiamo ripreso a sentirci, a frequentarci da amici. Non riuscivamo proprio a fare a meno uno dell'altra.

Intanto lavoravo tantissimo, sotto la guida di Ampie, con l'obiettivo di migliorare i miei tempi a tal punto da guadagnarmi la qualificazione per le Olimpiadi di Pechino 2008. Avevo un bel po' di tempo per prepararmi, e tutto sembrava andare alla grande: ero in ottime condizioni, non avevo più avuto infortuni, ero in perfetta forma.

Insomma, tutto lasciava pensare che avrei potuto farcela, anche se il mio tempo migliore era ancora circa un secondo più alto di quello richiesto per la qualificazione. Anche Ampie, il mio allenatore, è sempre stato molto ottimista: lui è sicuro che prima o poi riuscirò a correre i 400 metri in quarantacinque secondi.

Ma più miglioravo i miei tempi, più il mondo dell'atletica cominciava a guardare con sospetto alle mie gambe «high tech». Nonostante le protesi in fibra di carbonio che uso per correre siano sul mercato da una decina d'anni, e tutti gli atleti amputati le usino, a un certo punto mi sono trovato a lottare non solo per migliorarmi e ottenere la qualificazione, ma per affermare il mio stesso diritto a correre, a partecipare.

Come ho detto, ero già stato invitato nel 2005 a un meeting internazionale per atleti normodotati a Helsinki, ma avevo dovuto rinunciare. A essere sincero, i miei risultati cronometrici allora non erano paragonabili a quelli attuali, non ero ancora all'altezza di un circuito di quel livello. Ma il 2007 per me era cominciato molto bene, con il secondo posto nei 400 metri ai campionati nazionali sudafricani. Dopo quel risultato mi sentivo pronto per le gare all'estero, e proprio allora la Iaaf ha iniziato a mettere in dubbio questa possibilità.

Il Consiglio della Iaaf si era riunito in marzo, a Mombasa, e aveva modificato la regola 144-2 (che in questi mesi ho letto e riletto centinaia di volte!), che proibisce l'uso, nella corsa, di «vantaggi tecnici» atti a migliorare le prestazioni: «[...] è vietato espressamente l'impiego di ogni elemento tecnico [...] che garantisca un vantaggio sugli atleti che non utilizzano lo stesso strumento [...]».

Sia per il contenuto, sia perché è stata decisa con una procedura molto più rapida del solito, molti hanno pensato che questa regola fosse rivolta in particolare a me, e intesa a escludermi dalle gare internazionali con i normodotati. Per esempio, gli organizzatori di Track Fast, che poche settimane prima mi avevano invitato a Glasgow per partecipare alla loro manifestazione, mi hanno subito contattato per dirmi che in base a questa regola si sentivano costretti ad annullare l'invito. Però fino a quel momento non avevo ricevuto nessuna comunicazione ufficiale riguardo a questa decisione, che non era certo riferita solo al mio caso.

Solo all'inizio di giugno la Iaaf ha rilasciato un comunicato in cui spiegava che l'articolo 144-2 non doveva intendersi rivolto direttamente a me, almeno finché non avessero accertato che le mie protesi da corsa costituissero davvero un «vantaggio tecnico» che mi garantisce un aiuto rispetto agli altri atleti. Nick Davies, il responsabile della comunicazione della Iaaf, ha chiamato Peet e gli ha detto che per il momento non esisteva un vero divieto nei miei confronti e che ero libero di gareggiare dovunque. Però è chiaro che c'era molta confusione intorno a questa cosa, e anche molte polemiche, dunque da più parti incontravamo delle resistenze. Io continuavo ad allenarmi normalmente, finché una mattina Peet mi ha telefonato per annunciarmi che ero iscritto a una gara a Roma. Ero incredibilmente felice, toccavo il cielo con un dito!

Peet aveva parlato con Gigi D'Onofrio, l'organizzatore del Golden Gala di Roma (uomo per cui nutro un grandissimo rispetto), che si era dichiarato pronto a correre il rischio di essere criticato per avermi invitato. È stato importante trovare una persona come lui, responsabile di una manifestazione di altissimo livello, che fosse disposta ad assumersi tutte le responsabilità, ad affrontare le critiche dei media, lo scalpore, le pressioni politiche dei vertici federali, offrendomi questa grande opportunità.

E così sono partito per l'Italia. Era l'inizio di luglio 2007, e avevo aspettato per due anni un'occasione come quella.

Era un traguardo raggiunto, il fatto stesso di partecipare a una gara del circuito internazionale mi dava i brividi. Non riuscivo quasi a crederci, e penso che non avrei potuto trovare un posto migliore di Roma per partecipare alla mia prima competizione di alto livello. È stato travolgente.

In albergo, dove sono arrivato con il mio allenatore tre giorni prima della gara, scendevo nell'atrio e mi trovavo circondato da atleti pazzeschi che avevo visto in tv, i migliori del mondo. Inoltre era la prima volta che venivo in Italia, e già questo per me era straordinario: in Sudafrica non abbiamo la storia e le tradizioni dei Paesi europei, perciò Roma, la culla della civiltà, mi incuriosiva, mi affascinava.

E il 13 luglio 2007, il giorno dei 400 metri, è una data che non dimenticherò mai.

Era una giornata magnifica. Abbiamo preso l'autobus e siamo arrivati alla pista per gli allenamenti: uno stadio incredibile, circondato di statue di atleti dell'epoca romana. Si chiama Stadio dei Marmi. Ma oltre alla bellezza degli atleti di pietra, intorno a noi c'era il calore del pubblico: gli spettatori, i bambini dietro le reti che facevano il tifo, chiedevano gli autografi. Sentivo l'emozione addosso. Cercavo di concentrarmi nel riscaldamento, ma al tempo stesso ero attratto e incuriosito da tutte quelle persone che urlavano. Mentre mi preparavo mi scappava sempre un sorriso. Trovarmi circondato da persone così appassionate all'atletica, cariche di incoraggiamenti per noi, mi metteva quasi in confusione. Era tutto nuovo.

Poi, la sera, l'entrata nello Stadio Olimpico. L'incontro con gli atleti con cui mi sarei trovato a competere. Nei minuti che precedono l'entrata in pista ero teso come al solito, e in più mi sentivo molto intimidito. Ero abituato a gareggiare contro atleti sudafricani che conosco bene, dai quali so già cosa aspettarmi, mentre questa volta sarebbe stato diverso, e l'idea mi dava molta ansia. Ma pensavo anche che stavo vivendo una grande opportunità, un'occasione molto importante per la mia vita. Dovevo solo impegnarmi e dare il meglio di me stesso.

Allo sparo dello starter sono partito molto lentamente, per sviluppare il massimo della velocità verso la fine, come sempre: nell'ultimo segmento, cioè gli ultimi cento metri, sono passato dalla settima alla seconda posizione. Dopo il traguardo ero spossato, mi girava la testa, non riuscivo a reggermi in piedi. Era stata una giornata pazzesca. Anche se non mi erano rimaste più energie, avrei voluto ricominciare subito da capo, perché era stata un'esperienza straordinaria, un momento davvero speciale per me.

Quel giorno sono arrivato secondo nei 400 metri piani, con 46"90.

Era la prima volta che un atleta diversamente abile si misurava contro avversari normodotati di questo livello in una competizione internazionale.

# Controvento

Il giorno dopo il Golden Gala sono subito ripartito per l'Inghilterra, dove mi avevano invitato a partecipare al Norwich Union British Grand Prix di Sheffield: un'altra gara internazionale in cui, come a Roma, mi sarei trovato a competere con dei veri eroi dell'atletica.

Ma l'atmosfera, fin dal mio arrivo in Inghilterra, era molto diversa da quella che avevo trovato in Italia. Sui giornali si era scatenata da giorni una polemica sul mio «caso», creando un clima di diffidenza nei miei confronti: i media non facevano che parlare delle mie protesi, insinuare dubbi, addirittura lanciavano sondaggi su di me, e tutto questo mi turbava e mi rendeva insicuro.

Alla conferenza stampa prima della gara, i giornalisti mi hanno assalito con mille domande sul provvedimento della Iaaf. Io ho cercato di ribadire e di spiegare con chiarezza un concetto per me fondamentale: se pensassi di essere avvantaggiato in qualsiasi modo rispetto agli altri, sarei il primo a non voler gareggiare.

Ho fatto del mio meglio per non farmi divorare da tutta questa tensione, dalla negatività, ma mi sentivo sotto pressione come mai prima di allora. Agli allenamenti i fotografi e i giornalisti mi pressavano, non mi mollavano un attimo e continuavano a farmi le stesse domande: «Le tue protesi possono essere considerate un aiuto tecnico? Ti danno un vantaggio sugli altri?».

Il 15 luglio, la mattina della gara sui 400, il mio morale è sceso ancora di più. Mi sono alzato, ho guardato fuori dalla finestra e sono riuscito a dire solo: «Oh, merda! Non va bene. Non va bene».

Stava piovendo a dirotto, e sapevo che se non avesse smesso mi sarei trovato nei guai. A nessun atleta fa particolarmente piacere correre sotto la pioggia, ma a me ancora meno: sul bagnato le protesi danno pessime prestazioni.

La pioggia, però, non accennava a diminuire.

Mi sono trovato davanti a una scelta molto difficile: se mi ritiravo, avrei perso un'occasione che avrebbe potuto non presentarsi mai più; se decidevo di correre lo stesso, rischiavo di fare una brutta figura e compromettere la rincorsa verso le Olimpiadi. Non mi sono mai tirato indietro di fronte a una sfida, è il mio pane quotidiano, ma devo ammettere che nelle ore prima di quella gara ho vissuto dei momenti tremendi.

Dentro il palazzetto, dietro allo stadio, dove si faceva riscaldamento, cercavo di prepararmi alla corsa, mi sforzavo di trovare la lucidità e di concentrarmi sulla gara, ma ero tesissimo. Il mio allenatore, Ampie, se n'è accorto; avevo un'espressione stravolta, come se pensassi: «Devo essere veramente fuori di testa a pensare di correre qui stasera!».

La pioggia continuava incessante, il manto di gomma era scivoloso. In pista, vicino a me, sarebbe sceso l'uomo più veloce del mondo nei 400: Jeremy Wariner, l'invincibile. Mi aspettava una prova veramente dura, e anche gli altri erano dello stesso livello.

Una cosa però mi ha dato coraggio. Nonostante la parata di stelle dell'atletica presenti quella sera, il pubblico di Sheffield mi ha accolto con l'applauso più caloroso quando lo speaker ha annunciato il mio nome.

Prima di ogni gara, ai blocchi di partenza, provo sempre un mix di sensazioni contrastanti: vorrei scappare via, evitare di correre. Ma poi c'è lo sparo, si parte, è fantastico, e mi piace la sensazione che provo dopo la gara. Una vera e propria montagna russa di emozioni in meno di un minuto! Quella sera, già nei primi cento metri mi sono reso conto che stavo rimanendo indietro, che facevo una fatica pazzesca, e non sono più riuscito a riguadagnare terreno, nemmeno un centimetro. Ho tagliato il traguardo per ultimo e, tanto per rendere tutto ancora più amaro, sono stato squalificato per avere sconfinato dalla mia corsia.

Correre sul bagnato, come dicevo, è difficile per tutti: con la pioggia negli occhi non riesci quasi a vedere dove stai andando. Per me, con le protesi, c'è un problema in più, che dipende dall'altezza dell'articolazione del ginocchio rispetto al suolo. Essendo più alta, è alterata la percezione dell'appoggio del piede a terra. Per avere un buon controllo e un buon equilibrio è necessario allenarsi e abituarsi. I primi tempi cadevo continuamente.

E in effetti quella sera, tenendo conto delle condizioni, non ho fatto una brutta gara. Mi sono avvicinato al mio record personale più di quanto gli altri atleti si siano avvicinati ai loro, pur essendo terribilmente svantaggiato dall'acqua. Quindi credo di aver fatto una buona prestazione, anche se ho perso, perché gareggiavo con campioni molto più forti di me. E sebbene il risultato finale (47"65) non sia stato molto lusinghiero, a mio avviso ho comunque vinto la prova che affrontavo con me stesso. È il «mio» risultato che conta. Che sia arrivato ultimo, non ha importanza, perché gareggio sempre contro me stesso prima ancora che contro gli altri.

Dopo la gara, i giornalisti si sono avventati di nuovo su di me e sono tornati alla carica con le loro domande: «Perché insisti a voler competere con gli atleti normodotati? Ci sono le Paralimpiadi, che esistono proprio per le persone come te».

È vero, posso partecipare alle Paralimpiadi, e lo faccio, ma se sono in grado di fare di più, di essere abbastanza veloce da gareggiare con i migliori atleti normodotati, perché non dovrei farlo?

In compenso, l'atteggiamento degli altri atleti nei miei confronti è quasi sempre di appoggio alla mia battaglia: si rendono perfettamente conto che i tempi che io riesco a ottenere richiedono sacrifici che loro sono in grado di valutare benissimo, perché sono esattamente gli stessi sacrifici che fanno anche loro, quindi non mi considerano un disabile. Sono un atleta come loro, e in questo senso ho avuto un grande sostegno, molto importante per me, anche da parte degli organizzatori.

Alcuni invece la pensano in modo diverso. Per esempio nel mondo degli atleti paralimpici c'è stato chi, come Marlon Shirley (primatista mondiale con 11"08 sui 100 metri), ha dichiarato qualche anno fa che avendo lui una gamba sana non era giusto che lo facessero correre contro di me. Secondo lui dovrei gareggiare solo con la mia categoria di amputati bilaterali, la T43, e mai con atleti a cui è stato amputato un arto solo (classificati nella categoria T44). Alle Paralimpiadi ho partecipato alle gare T44 perché non c'è nessun altro atleta amputato a entrambe le gambe che faccia tempi paragonabili ai miei...

Al contrario, un grande campione del passato come Pietro Mennea (che ha detenuto il record mondiale di 19"72 sui 200 metri per quasi vent'anni), mi è stato molto vicino. Ha detto più volte che quelle polemiche, dal suo punto di vista e per la sua esperienza atletica, erano assurde, perché – anche quando la pista non è bagnata – è ovvio che correre senza avere la percezione del terreno sotto i piedi ha un impatto psicologico e tecnico rilevante. Inoltre lui, come tutti gli atleti del suo livello, si allenava moltissime ore al giorno in vista delle gare più importanti, mentre io devo limitare gli allenamenti, perché lo sfregamento troppo prolungato dei moncherini sulle protesi mi provoca ferite, e questo spiega quanto impegno e sacrificio mi costi ottenere certi risultati.

Ma la Iaaf, in quel momento, non aveva la stessa opinione.

Quando sono rientrato in Sudafrica dopo Sheffield mi sentivo a terra, ero scoraggiato. Il clima inglese aveva rovinato la mia grande occasione, e non sapevo se ne avrei avuta un'altra, perché la Iaaf non aveva alcuna intenzione di sospendere la campagna contro le mie protesi.

Perfino i media sudafricani, che mi avevano sempre sostenuto, hanno cominciato ad avanzare qualche dubbio sulle mie reali capacità come atleta.

Per fortuna ero abbastanza abituato, come ho già raccontato, ad accettare tutti gli aspetti della mia popolarità, dall'orgoglio di vedermi riprodotto in un poster veramente gigantesco su un grattacielo di Johannesburg (poster che fra l'altro zia Diane trova *terribile*: «Figlio mio, sembri di plastica in quelle foto!») al dispiacere di leggere certe cose non vere, o decisamente cattive, sui giornali. In quei mesi ci sono state varie polemiche che mi vedevano protagonista. La stagione agonistica era finita, ma sapevo che in autunno mi aspettava la sfida più dura: la Iaaf aveva fissato i test per stabilire se le mie protesi costituissero o meno un vantaggio tecnico. Gli esami si sarebbero svolti all'Università dello Sport di Colonia nel novembre 2007, sotto la supervisione del dottor Peter Brüggemann, professore di biomeccanica, e la responsabilità di Elio Locatelli, responsabile delle questioni tecniche della Iaaf.

In realtà già al Golden Gala di Roma la federatletica mondiale si era attivata, predisponendo intorno alla pista delle telecamere ad alta definizione per potere filmare e analizzare la mia corsa, allo scopo di capire se le protesi costituiscono per me un reale vantaggio nella competizione. Io sapevo che ci sarebbero state delle riprese con telecamere particolari, ma non che sarebbero servite a misurare la lunghezza della mia falcata in corsa, visto che Locatelli pensava che le mie protesi mi dessero un'ampiezza di passo maggiore rispetto a quella degli altri atleti. Inoltre le riprese avrebbero fissato tutto l'andamento della mia corsa.

Studiando queste immagini gli esperti dell'Università di Roma hanno stabilito che non era vero che la mia falcata fosse più ampia di quella degli altri, ma che erano differenti le varie fasi della corsa, visto che io parto molto lento e raggiungo il mio picco di velocità tra i duecento e i trecento metri, al contrario degli atleti normodotati che offrono il miglior rendimento all'inizio della gara, con il picco nei primi settanta metri. Così Locatelli è giunto alla conclusione che era necessario sottopormi a una nuova serie di esami in laboratorio.

Sono andato in Germania per le analisi tecniche il 12 e il 13 novembre 2007, e insieme a me sono state studiate le reazioni di altri cinque atleti normodotati che avevano ottenuto tempi simili ai miei nei 400, per confrontare i miei risultati con i loro.

Mi sentivo fiducioso, ero sicuro che i test mi avrebbero dato ragione e avrebbero dimostrato una volta per tutte che le protesi non mi regalano alcun vantaggio, anzi. Speravo di convincere tutti quelli che avevano espresso delle riserve sul mio sogno di partecipare alle Olimpiadi.

Mentre mi sottoponevo a tutte quelle analisi, intorno a me c'era un sacco di gente: medici, tecnici, perfino un cameraman che riprendeva tutto per la Iaaf. L'unica faccia amica che mi offriva un po' di solidarietà e conforto era quella di Peet, il mio manager, che mi è sempre stato vicino per cercare di tenermi su di morale. Con lui potevo sfogarmi, mi aiutava a sdrammatizzare: in quei giorni ero fuori forma (ero reduce da un infortunio al ginocchio), poi c'erano la tensione e la fatica dei test... Ho vissuto dei momenti davvero difficili.

Fino a quel momento le protesi da corsa non erano mai state studiate dalla Iaaf, non esisteva una regolamentazione, come per esempio quella che stabilisce quali caratteristiche debbano avere le scarpe chiodate calzate in gara. Questo probabilmente è dovuto al fatto che, fino a quando io non sono stato ammesso a certi eventi di alto livello, le protesi erano state usate solo in gare paralimpiche. Sono quasi identiche per tutti, variano solo in base al peso dell'atleta che deve portarle, per il resto sono praticamente standard, anche perché nel mondo ci sono poche aziende principali che le producono: la Isatec e la Otto Bock, tedesche, l'altra la Ossur, islandese, che mi ha fornito quelle che uso dal 2004.

È per questo che ho sempre sentito, fin dall'inizio, che la mia battaglia per partecipare alle Olimpiadi – e a qualsiasi altra gara con gli atleti normodotati – non riguardava solo me, ma qualsiasi atleta che riuscisse, con talento e impegno, a raggiungere certi risultati così da avere l'onore di confrontarsi con i migliori atleti del mondo, senza distinzioni.

Dopo i test sono ripartito dalla Germania con il mio solito ottimismo, ma nel dicembre 2007 ho ricevuto una doccia gelata.

La Iaaf mi ha inviato il rapporto ufficiale dei test di Colonia, secondo il quale le analisi avevano dimostrato che le protesi, sui 400 metri, mi offrono un significativo vantaggio sugli altri atleti. Da quel momento rischiavo seriamente di essere escluso da tutte le competizioni del circuito internazionale.

Il rapporto finale del professor Brüggemann affermava che l'uso delle protesi in fibra di carbonio mi garantisce «un vantaggio meccanico» per quanto riguarda l'energia restituita dalla lamina, cioé la parte terminale delle protesi. Avevano stabilito che, rispetto a quanto avviene per l'articolazione della caviglia umana, nella condizione di velocità massima propria dello sprint in sostanza ricevevo un vantaggio non regolamentare (*an unfair advantage*) rispetto agli altri atleti.

I punti principali del rapporto di Brüggemann sostenevano che io riesco a correre alla stessa velocità degli atleti normodotati spendendo il 25 per cento di energie in meno, perché, una volta raggiunta una data velocità, correre con le protesi necessita di meno energia rispetto a quella necessaria a chi corre con arti naturali; che la meccanica di corsa tra un atleta con protesi e un normodotato è differente, come la quantità di energia restituita dalla pista, e che quella ottenuta con le protesi è di quasi tre volte superiore, con una percentuale di elasticità pari al 90 per cento rispetto a quella di un piede umano che non va oltre il 60 per cento; che la protesi subisce una perdita di energia del 9,3 per cento contro il 41,4 per cento della normale caviglia, dunque il vantaggio meccanico delle protesi rispetto alla caviglia di un atleta normodotato è superiore al 30 per cento. E insomma, che le mie protesi consentono di correre alla stessa velocità di un altro atleta con minore dispendio di energie, e che per questo do il massimo nell'ultima fase dei 400 metri anziché all'inizio.

È stato un incubo. Per mille motivi. Intanto è successo un casino, perché il quotidiano tedesco «Die Welt» ha pubblicato i risultati dei test il 19 dicembre, prima che io avessi avuto comunicazioni ufficiali, quindi ho scoperto la mia «condanna» leggendo i giornali: è stato tremendo. Solo qualche giorno dopo ho ricevuto il documento che mi confermava che quello che avevo letto era proprio vero, non si trattava (come un po' speravo) del solito scoop giornalistico con informazioni inesatte o parziali. Quell'articolo riportava per filo e per segno le informazioni contenute nel rapporto di Brüggemann.

Temevo che il mio sogno olimpico potesse svanire per sempre.

E come capita spesso, i guai arrivano sempre insieme. Proprio in quelle vacanze di Natale ho chiuso definitivamente con Vicky.

Eravamo tornati insieme a giugno di quell'anno. Era complicato, perché ero spesso via da casa, e lei abitava a Città del Capo. Ci vedevamo a fine settimana alterni. Prendevo un aereo per raggiungerla, oppure lei veniva a Pretoria per passare un po' di tempo insieme. Era difficile, perché lei a Città del Capo si era fatta dei nuovi amici, che a me non piacevano, non mi trovavo bene con loro: non avevo l'impressione che volessero il meglio per lei. Era una cerchia di ragazzi spensierati, senza il senso della responsabilità. Ragazzi ricchi, che hanno tutto, che non sanno cosa significa faticare per ottenere qualcosa, un po' immaturi.

Portare avanti questa relazione a distanza era quasi insopportabile, così lei all'inizio di dicembre ha deciso di trasferirsi a Pretoria. Abbiamo passato le vacanze insieme in compagnia di mio fratello e mia sorella. Ma la sera di Capodanno abbiamo litigato ancora e abbiamo deciso di lasciarci definitivamente. Abbiamo entrambi commesso degli errori nel nostro rapporto, non abbiamo dedicato il tempo necessario l'uno all'altra, ma le cose che ci siamo detti quella notte di fine anno erano talmente forti che in quei momenti ho proprio pensato: questo è il finale.

Non ci parliamo più da allora, ma le voglio molto bene, la rispetto moltissimo. E mi dispiace che non abbia funzionato, perché avevo immaginato di passare tutta la vita con lei. Andavamo molto d'accordo, ci stimavamo molto, ma le circostanze hanno reso le cose impossibili.

Ancora oggi, mi sento triste per Vicky. È un peccato, ma le nostre vite sono troppo diverse. Lei abita ancora a Pretoria. Mi dispiace anche perché mio fratello e mia sorella le volevano molto bene, i miei nonni parlano ancora di lei con molto affetto. Credo sia stata piuttosto dura per mia sorella, perché erano diventate ottime amiche, avevano un rapporto molto stretto.

Vicky è una persona davvero speciale, ma io non ero l'uomo giusto per lei. O lei non era la ragazza giusta per me. La considero ancora molto speciale, ma non era adatta a me. È triste che non abbia funzionato. Ne soffro ancora adesso. Ma non ci posso fare niente. La vita è così. Ingiusta.

# Il traguardo

Il 2008 è iniziato decisamente male, con giornate tremende. La rottura definitiva con Vicky mi aveva sfinito. La Iaaf ci aveva dato tempo fino al 10 gennaio per far avere le nostre osservazioni sul rapporto di Brüggemann.

Peet e io abbiamo parlato con diversi esperti, soprattutto il professor Robert Gailey dell'Università di Miami. Ci aveva contattati lui stesso, diversi mesi prima, perché da tempo studiava casi come il mio e quindi era interessato a seguire la mia vicenda. Tutti sostenevano che i test di Colonia erano corretti quanto all'esattezza dei dati, ma non circa la loro valutazione, e che non dovevo arrendermi e accettare una decisione negativa presa solo sulla base di un esame dei potenziali vantaggi, senza minimamente considerare gli svantaggi della mia situazione. Robert e gli altri non contestavano la validità dei test di Brüggemann, ma dicevano che sarebbe stato importante considerare tutte le fasi dei 400 metri, non solo l'ultima parte. Verificare gli aspetti positivi e negativi delle differenze tra me e gli atleti normodotati, per avere un quadro completo che non prendesse solo in considerazione la differenza tra le Cheetah e la caviglia di un atleta, ma tutto lo sviluppo del movimento del mio corpo. Inoltre, l'esame di Colonia era stato rivolto all'analisi del mio comportamento solo nei 400 metri, ma il veto della Iaaf mi impediva di correre su qualsiasi distanza, anche sui 100 e i 200 metri, anche se erano convinti che il mio presunto «vantaggio» emergesse solamente nell'ultima metà della gara, quindi oltre i duecento metri. E infine Robert e gli altri, mi spronavano a reclamare quantomeno il diritto di avere un limite di tempo entro cui adeguare le mie protesi alle caratteristiche tecniche richieste, esattamente come avviene per le scarpe dei normodotati.

Bisogna dire che lo stesso professor Brüggemann, professionista molto serio, ha sempre detto che il suo compito era verificare i vantaggi e non gli svantaggi, ed esaminare quell'ultima fase della gara, senza porsi problemi di natura etica, politica o sociale, ma solo sul piano scientifico, mentre la Iaaf aveva un punto di vista più generale sulla vicenda: come ha detto Locatelli, il loro timore era quello di trovare in pista, un giorno, «gente con le ali»...

Ho ritagliato e conservato un paio di interviste in cui Brüggemann afferma: «La locomozione, la dinamica del movimento nello sprint, con questo tipo di protesi artificiali è completamente differente rispetto a un'articolazione umana impegnata nella fase della corsa, è una dinamica diversa. Non posso dire se sia un vantaggio o uno svantaggio»; oppure: «Sotto il profilo meccanico, correre ad alta velocità con quelle protesi garantisce un vantaggio al livello dell'articolazione della caviglia. Ma probabilmente è anche svantaggioso a livello dell'articolazione dell'anca e del ginocchio».


Così il 10 gennaio abbiamo risposto che ritenevamo il test di Colonia troppo parziale e dunque non ne accettavamo le conclusioni.

Il giorno seguente, venerdì, il presidente della Iaaf, Lamine Diack, ha scritto ai membri del Consiglio Esecutivo ribadendo che i test confermavano l'ipotesi del «vantaggio tecnico» e chiedendo a tutti i consiglieri di votare, per posta, entro lunedì mattina per convalidare il veto. Il quesito proposto dal presidente non lasciava praticamente scelta, perché affermava che i risultati delle analisi avevano dimostrato che le mie protesi andavano contro le norme del regolamento tecnico. Così sono stato escluso ufficialmente, senza limiti di tempo, da ogni competizione con i normodotati.

Non ci restava che fare ricorso: abbiamo cercato di evitarlo, di parlare con la Federazione internazionale, ma a quel punto il dialogo non era più possibile, così ci siamo rivolti al Tas (Tribunale arbitrale dello sport) per chiedere di riesaminare il mio caso sulla base di una seconda opinione. Ero depresso, ma ho cercato di mantenere un atteggiamento positivo e mi sono preparato per sottopormi a nuovi test.
Dovevamo trovare un team di scienziati autorevoli che potessero condurre un test di tale importanza. Un amico mi aveva messo in contatto il professor Hugh Herr del Massachuset Institute of Technology, una delle più prestigiose Università del mondo, e il professor Rodger Kram dell'Università del Colorado. Poi è entrato a far parte del team anche il professor Peter Weyand della Rice University di Houston.

Il secondo passo consisteva nell'individuare un periodo in cui tutti e tre gli scienziati, con i rispettivi gruppi di lavoro, potessero incontrarsi per lavorare insieme.

Nel frattempo ero stato contattato da uno studio legale internazionale, Dewey & Lebouef, che aveva già seguito diversi casi sportivi di alto livello. Credevano talmente tanto nel mio caso che si sono offerti loro stessi di assistermi. Sono rimasto veramente sorpreso dalla velocità con cui sono riusciti a organizzarsi e a raccogliere tutto il materiale rilevante per la causa.

Avevamo programmato di cominciare i nuovi test il 18 febbraio, ma sono riuscito a farli rimandare di due giorni per poter partecipare alla cerimonia dei Laureus Awards a San Pietroburgo in Russia. Dopo la premiazione sono volato direttamente a Houston, dove ho trovato ad accogliermi una schiera di scienziati pronti a fare di me la loro cavia per i dieci giorni successivi.

La prima differenza che ho notato rispetto ai test di Colonia è stata che, prima di ciascun esperimento, mi hanno spiegato tutto in modo dettagliato. Dev'essere stato piuttosto snervante per quei professori far capire i vari passaggi a una persona come me, totalmente a digiuno di biomeccanica!

Hanno sicuramente fatto un buon lavoro, perché ho imparato molto.

Abbiamo cominciato i test di Houston ripetendo gli esperimenti fatti dal professor Brüggemann, per confrontare i risultati. Gli scienziati americani hanno deciso di sottopormi ai test VO2, cioè quelli relativi al massimo volume di ossigeno consumato per minuto sotto sforzo, su un tapis roulant invece che sulla cyclette, perché in questo modo le condizioni sarebbero state più simili a quelle della corsa. Si è notato subito che i risultati erano diversi da quelli di Colonia.

Ho provato un enorme sollievo, perché i risultati di quello specifico test erano stati quelli su cui la Iaaf si era maggiormente basata per sostenere che ero avvantaggiato, che se questo valore è soprattutto importante per le prove di resistenza.

In quei giorni sono stato sottoposto a diversi test: l'accelerazione, il massimo consumo di ossigeno in pista a velocità differenti, oltre a studi approfonditi sul comportamento delle protesi durante la corsa.

Anche se a volte mi sembrava di ripetere più volte lo stesso esperimento, in realtà c'erano delle sottili variazioni che permettevano agli analisti di farsi un quadro più completo e approfondito della situazione.

Sono ripartito da Houston dopo nove giorni, con

un bagaglio molto più ricco di conoscenze sui movimenti del corpo umano e sulla biomeccanica. Perfino a me appariva più che evidente che i test commissionati dalla Iaaf erano incompleti, avevano trascurato troppe variabili, e che non potevano costituire la base per una decisione tanto importante come quella di escludermi dalle competizioni. Per esempio, non avevano tenuto conto di nessuno svantaggio, né a velocità costante né nelle diverse fasi della gara, e non avevano preso in considerazione la fase di accelerazione.

Ero sbarcato da poco in Sudafrica quando mi hanno detto che dovevo tornare a Houston per sottopormi a ulteriori test. E così abbiamo ripreso l'aereo per gli Stati Uniti per altri otto giorni di sangue, sudore e lacrime. Alla fine di marzo avevamo la certezza che non solo le protesi non possono darmi un chiaro vantaggio competitivo, ma che anzi non mi danno alcun vantaggio.

Dopo quattro mesi di montagne russe, dubbi e polemiche ero veramente felice di poter finalmente rispondere a chiunque me lo chiedesse che i miei risultati sono dovuti ai miei sacrifici e a un duro allenamento, non alle mie protesi.

Conclusi i test, non restava che una (lunghissima!) attesa fino al 30 aprile, quando il Tas, a Losanna, avrebbe chiamato a testimoniare gli esperti tedeschi, quelli statunitensi, i responsabili della Iaaf, Peet e me, per decidere poi se accettare o respingere il ricorso.

Sono stati due mesi difficili, in cui continuavo ad allenarmi come sempre, ma ero molto teso, preoccupato per quello che sarebbe successo.

C'erano però due cose che mi hanno aiutato ad andare avanti e mi hanno regalato pensieri positivi in quelle settimane tanto strane: un nuovo incontro e una nuova casa.

All'inizio del 2008 avevo cominciato a frequentare Jenna: una ragazza bellissima, bionda, con gli occhi azzurri, e molto dolce. Ha diciotto anni. Abbiamo iniziato a uscire insieme, e subito sono stato molto chiaro con lei: mi piaceva tantissimo, ma non mi sentivo ancora pronto a una nuova relazione sentimentale vera e propria. Le ho confessato che non avevo ancora dimenticato del tutto Vicky, che soffrivo ancora per lei, perché sapesse che se le capitava di vedermi triste non era colpa sua. Per questo le ho detto: non acceleriamo i tempi. Jenna è la prima ragazza con cui la relazione si è sviluppata nel tempo. Si riesce a comprendere più a fondo una persona se prendi le cose con calma. Il nostro è un rapporto bellissimo, perché è nato da un'amicizia.

Poi, tra la palestra del mattino e l'allenamento in pista del pomeriggio, trovavo sempre un momento per prendere la macchina e scappare a dare un'occhiata ai lavori della mia nuova casa, in cui mi sono trasferito a maggio. È a Silverwoods, una delle zone più belle e più sicure di Pretoria, in un grande complesso nel verde. È davvero magnifica. Troppo grande per me solo, ma dopo gli anni vissuti in un bilocale volevo proprio una casa grande da condividere con gli amici e con la famiglia. Carl ha la sua vita, il lavoro, la sua ragazza, ma viene spesso a trovarmi, e sarei molto felice se un giorno Aimée, che adesso vive all'università, venisse a stare lì con me (anche se la zia Diane dice che «non va bene», che di certo farò troppe feste e lei ha solo diciotto anni...). Ho fatto costruire da un insegnante di carpenteria del mio college un tavolo di mogano africano enorme, dove si può mangiare tutti insieme. È bello riunire la famiglia e gli amici per un pasto, condividere del tempo insieme. I miei amici sanno che possono venire quando vogliono, senza bisogno di invito: entrano, aprono il frigorifero, mangiano quello che gli pare, e quando sono stufi se ne vanno. E tutto il pianterreno è stato progettato senza barriere architettoniche: nessun gradino e porte molto grandi. Così le persone anziane o i miei amici sulla sedia a rotelle potranno sentirsi a loro agio, spostarsi in modo autonomo quando vengono a trovarmi.

È stato bellissimo poterla progettare come la desideravo, con lo spazio per fare i falò, i grandi forni africani per il barbecue, tanti televisori per guardare insieme lo sport e uno stereo pazzesco, vedendola prendere forma giorno dopo giorno. Non ho dimenticato gli anni difficili della mia infanzia, e so di essere molto fortunato a potermi permettere una casa del genere. Penso che se hai questa fortuna devi condividerla con gli amici.

Un giorno comprerò anche una Ferrari o una Lamborghini, perché le adoro, ma per questo preferisco aspettare. Di una casa puoi godere con tutti quelli che ti sono vicini. In casa puoi creare ricordi. L'auto è qualcosa di personale e basta.

E mentre al cantiere arrivavano tutte le cose belle che avevo scelto, i corrimano d'acciaio per la scala ordinati in Italia, i grandi infissi di legno, le piastrelle di pietra chiara, e si piantavano gli alberi, è giunto il momento per me e Peet di partire un'altra volta per l'Europa e partecipare all'udienza del Tas.

Sono arrivato a Losanna, sede del Comitato Olimpico Internazionale e del Tas, timoroso, teso. Però quei due giorni di udienze sono stati molto faticosi, ma interessanti. Il presidente Martin Hunter e i due arbitri David Rivkin e Jean Philippe Rochat hanno creato subito un clima disteso, mettendo in chiaro che io non ero «accusato» di niente, non era un processo per doping e nessuno pensava che avessi mai agito in malafede. Il loro compito era semplicemente approfondire i termini della questione e prendere la decisione più giusta, con l'obiettivo di valutare il risultato netto tra vantaggi e svantaggi. I giudici non avevano un perito di parte del tribunale e, visto che molte delle questioni affrontate erano davvero complesse, hanno chiesto agli scienziati tedeschi e americani di riunirsi e spiegare loro tutti insieme i diversi aspetti della controversia. Quindi non abbiamo vissuto scene da film americano, con duelli all'ultimo sangue tra avvocati e tecnici che parlano in maniera incomprensibile, ma un'atmosfera di collaborazione e fiducia. Gli scienziati che avevano seguito le due diverse fasi dei test, in Germania e negli Stati Uniti, sono persone preparate e serie, che hanno condiviso le riflessioni sulle diverse analisi con rispetto reciproco. Questo è stato, a quanto mi hanno detto gli avvocati, un modo nuovo di lavorare in tribunale, proprio perché non capita spesso di discutere senza un «imputato» di cui si debba giudicare se ha commesso o no un reato.

E dal mio punto di vista è stato tutto molto interessante. Ero contento di assistere a una discussione così approfondita sulla mia situazione. Ho scoperto che esistono, su questi argomenti, pochissimi dati scientifici nati da sperimentazioni, e nel mio caso si sono fatti due test in un intervallo di tempo molto breve. Ma quanti sono gli atleti amputati che competono ad alto livello nel mondo e non sono mai stati testati? Dunque restava il problema del parametro di riferimento: con chi si potevano confrontare i miei dati per interpretarli? L'unico altro atleta amputato bilaterale che gareggia a livelli simili ai miei è un universitario statunitense che partecipa all'Iron Man, la verisone più impegnativa del triathlon, che prevede prove lunghe di nuoto, bicicletta e corsa.

Nelle due giornate ci sono state anche situazioni divertenti, come quando al presidente del collegio arbitrale a un certo punto è venuto in mente: «Come potrebbe essere valutato l'aspetto biomeccanico del movimento del canguro?». Rodger Kram, uno dei nostri studiosi dei test di Houston, è saltato subito su e ha rivelato di essere il più grande esperto mondiale nello studio del movimento dei canguri, l'unico scienziato che li abbia testati in corsa sul tapis roulant ☺. Così abbiamo discusso appassionatamente per mezz'ora di canguri...

Le due giornate sono state anche molto impegnative per me sotto il profilo psicologico. Sapevo che stavo giocando la mia ultima carta. Sentivo che la mia battaglia, nata come una questione privata, in seguito alla grande risonanza sui media era diventata un simbolo della lotta contro la discriminazione, per il diritto alla «normalità» di tutte le persone come me, che fanno sport o qualsiasi altra attività e vogliono sentirsi alla pari con chiunque altro.

Anche i miei avvocati la pensano così: come ho già detto, mi avevano contattato subito dopo le vacanze di Natale, appena era venuta fuori la notizia della mia esclusione dalle gare, per proporsi di assistermi gratuitamente, per difendere i diritti dei disabili. Mi hanno spiegato che, leggendo i giornali, avevano pensato che quella decisione della Iaaf era molto strana, perché nelle federazioni sportive esistono un codice etico e una convenzione internazionale sulle persone disabili che tutelano proprio il «diritto alla normalità» di persone come me. Così in quel momento avevano deciso di approfondire la questione anche sotto il profilo tecnico e di propormi la loro collaborazione. È uno studio internazionale, che ha messo insieme una squadra con diversi avvocati (tra cui alcuni ex atleti olimpici!) che seguivano il mio caso dal Sudafrica, dagli Stati Uniti e dall'Italia.

E mi trovavo proprio in Italia quando finalmente è arrivata la sentenza liberatoria del Tas. Evidentemente è destino che certi momenti speciali, come il Golden Gala e quel giorno, io abbia dovuto viverli in Italia che, come dice lo zio Leo che ha studiato la storia della nostra famiglia, è la terra dei nostri antenati. Infatti le prime notizie sulle nostre origini risalgono a circa quattro secoli fa. Allora c'era Pistoria, l'attuale Pistoia, da cui deriva il nostro cognome Pistorius. Poi erano emigrati in Francia e in Germania, da dove cinque fratelli erano partiti per il Sudafrica all'inizio del secolo scorso. E perfino l'idea di questo libro è nata in Italia!


Il 16 maggio 2008 mi trovavo a Milano, nello studio dei miei avvocati. Stavamo aspettando tutti insieme il verdetto finale del Tas, sapevamo che sarebbe arrivato verso l'una.

Ero stanco, un po' giù di morale. Gli ultimi mesi erano stati pieni di tensione. Lo stress era salito alle stelle. Il giorno prima ero stato male anche fisicamente, con una nausea tremenda. Tutta quella mattina mi ero sforzato di tenermi occupato, per non pensare a niente. Ero perfino andato a fare shopping, ma in un tale stato di confusione che non riuscivo nemmeno a scegliere una giacca. Poi c'eravamo ritrovati tutti in albergo. Stavo parlando con Marco, uno degli avvocati italiani, quando lui si è allontanato. Credevo fosse salito in camera, e invece poi l'ho visto tornare di corsa... Noi eravamo ancora nell'atrio, Marco era andato a fare delle fotocopie. Mentre camminava stava leggendo un foglio, a mano a mano che si avvicinava sembrava sempre più emozionato. Si è messo a correre verso di me, e in quel momento non capivo ancora se questo significasse che le notizie erano buone o cattive: forse era emozionato perché era contento, o forse perché gli dispiaceva per me. Marco di solito è molto flemmatico, ha letto tutto molto lentamente... Ma quando alla fine mi ha detto che il tribunale escludeva che si potesse dimostrare un vantaggio a mio favore sugli atleti normodotati, perché da quanto era emerso dal processo non risultava che i vantaggi compensassero gli enormi svantaggi che ho in corsa usando le protesi, e che dunque ero di nuovo libero di gareggiare, sul momento tutto mi è sembrato irreale. Sono rimasto sbalordito. Ci ho messo un attimo a lasciare che il sollievo e la gioia diventassero veri. Certamente speravamo tutti che andasse così, ma era una decisione fuori dal nostro controllo. Inoltre l'ultimo periodo era stato così stressante, con tutti i viaggi avanti e indietro, gli allenamenti, i test, il tribunale... Quel giorno è stato incredibile. Siamo esplosi tutti insieme in un urlo, abbracciandoci, ridendo, saltando nel bel mezzo della hall dell'albergo. Poi Peet e io siamo saliti in camera, ci siamo seduti sul letto e abbiamo cominciato a parlare. Ancora non ci credevo.

Da lì siamo andati direttamente alla conferenza stampa, che era stata fissata per le tre del pomeriggio. Siamo arrivati con mezz'ora di anticipo, ma i giornalisti c'erano già tutti: «Puoi dirci qualcosa? Puoi dirci qualcosa?». Io mi sforzavo di non sorridere, cercavo di essere impassibile, di non lasciare trapelare niente. Mi sono seduto al tavolo, mentre scattavano le foto. C'era brusio, ma non si poteva cominciare ufficialmente prima delle tre, il Tribunale aveva chiesto l'embargo fino a quell'ora. E a quel punto facevo davvero una fatica terribile a non sorridere. Poi è arrivato il momento. Peet, il mio manager, si è alzato e ha annunciato: «La decisione del tribunale è...» e allora ho sorriso. Tutti si sono messi a scattare fotografie, a battere le mani. È stato un attimo davvero unico. Ero felice. Un'altra giornata travolgente. Dopo la conferenza stampa, quando ho controllato il cellulare, ho trovato centosessanta messaggi e un centinaio di chiamate perse. Tutto bello, pazzesco.

Questa decisione ha messo a tacere tutte le chiacchiere, tutte le teorie sul fatto che il merito dei miei risultati sia delle protesi. Il presunto «vantaggio tecnico» è finalmente morto e sepolto, e addirittura dopo la sentenza il presidente Lamine Diack ha detto che la Iaaf era felice di questo esito della vicenda. Sono contento che abbiano cambiato idea, che i test americani e il parere del Tas abbiano dato a tutti la possibilità di vedere la situazione da un punto di vista più completo, perché credo sinceramente che la mia battaglia fosse giusta. Come ho detto ai giudici, a Losanna, nella mia vita ho avuto molti problemi e difficoltà, ma anche la fortuna di avere rapporti con gli «abili», nello sport e nella vita, che non mi hanno mai fatto sentire un «disabile», un diverso. Mi sarei considerato per la prima volta un diverso se la sentenza fosse stata confermata.

Ora penso solo al futuro, sono felice di questa opportunità.

Finalmente, dopo tanti mesi di impegno e tensione, sono libero di tornare a fare quello che so fare e amo fare: correre. È il tipo di pressione che non ti abbatte, ma ti sollecita: il pensiero che adesso bisogna allenarsi, correre, dimostrare al mondo che cosa sei capace di fare. Il mio sogno è diventare l'uomo più veloce del Sudafrica e un giorno, chissà, con molto duro lavoro, uno degli uomini più veloci del mondo... con o senza gambe.

La cosa importante, dal mio punto di vista, è che nel mondo ci sono moltissimi atleti come me, amputati che gareggiano con le protesi, e con tutte queste polemiche la gente poteva credere che il merito non fosse loro, ma delle protesi. Questa sentenza ha dimostrato il contrario: che il merito è degli atleti, e del loro talento. E che anzi, quegli atleti hanno il merito aggiuntivo di avere superato lo *svantaggio* della protesi. Dal mio punto di vista era questa la cosa importante.

La sentenza, emessa dall'autorità sportiva più alta del mondo, il Tas, ha stabilito che non traggo alcun vantaggio di sorta dovuto alle mie protesi, e anche se (com'era naturale) hanno specificato con molta chiarezza che la sentenza si riferiva a *queste* protesi.

Penso che d'ora in poi chiunque altro avrà problemi simili ai miei potrà appoggiarsi a questa esperienza, a una decisione che spero incoraggi altri disabili a impegnarsi nello sport, e non solo, sapendo di poter arrivare a delle soddisfazioni straordinarie.

Mi piace molto un'espressione che ha usato Pietro Mennea: «Lo sport è come un ascensore, tutti devono poterci salire sopra». Anch'io penso che lo sport deve sempre unire e mai dividere: visto che avvicina razze e culture diverse (e anche questo mi tocca molto, essendo cresciuto in un Paese che ha vissuto una vera tragedia di odio razziale). Allora perché non dovrebbe farlo anche tra atleti normodotati e diversamente abili?

Sono davvero felice e orgoglioso che la mia battaglia possa aiutare, anche solo come speranza e stimolo, altre persone.

Credo che da ogni situazione anche negativa bisogna sempre cercare di trarre qualcosa di buono: in fondo, se non mi fossero state amputate le gambe da piccolo, magari oggi non sarei la persona che sono, e non avrei vissuto queste esperienze così forti e importanti. Sono contento così. È la mia vita, forse era il mio destino.

E sono certo che mamma mi guarda dal cielo ed è felice per me, per tutte le mie conquiste. È morta prima che io cominciassi a correre, non ha assistito alle mie vittorie sportive né alla mia battaglia, ma so che mi è vicina e mi ritengo fortunato per il tempo che ho potuto passare assieme a lei, per quello che mi ha insegnato: a essere forte e sereno, a impegnarmi per raggiungere gli obiettivi.

Pensare a lei mi dà coraggio e forza d'animo.

E c'è una cosa che adoro: la registrazione di un'intervista alla radio in cui parlava di me, l'ha fatta nel 1999, quando avevo quattordici anni. La ascolto talmente spesso che l'ho imparata a memoria, ci sono certe frasi che mi tornano in mente nei momenti difficili.

«Oscar è un ragazzo agile e sportivo, ha un carattere equilibrato e un delizioso senso dell'umorismo. Adora scherzare e non si abbatte mai. Spero che le mie parole possano essere un messaggio di speranza e incoraggiamento per tutti quegli ascoltatori che hanno vissuto delle esperienze traumatiche.»

Mi auguro che il suo messaggio di speranza continui anche con le parole che ho raccolto in questo libro.

Pretoria, 4 maggio 2008

Caro Oscar,

nella nostra famiglia si è sempre parlato apertamente, e tu e io ci siamo detti tutto, fin da bambini. Però ci sono sempre delle cose che per mancanza di tempo, per timidezza, o semplicemente perché si è troppo vicini, rimangono dentro. Provo adesso a dirti tutto, a raccontarti di te. Spero che ti faccia piacere, per il tuo libro e non solo. E cerco di partire proprio dall'inizio.

Se cerco nella memoria vedo la mamma che ti tiene in braccio. Tu dovevi avere nove mesi, io forse tre anni, ma lo vedo. Sai, credo sia in assoluto il primo ricordo della mia vita.

Ricordo la mamma, al piano di sopra nella casa di Johannesburg, che mi parla dei tuoi piedi. Io ero piccolo, e quella è stata la prima volta che ho capito che in te c'era qualcosa di diverso. La mamma mi ha permesso di toccarti i piedini, raccomandandomi di essere molto delicato. All'epoca li avevi ancora, e anche le dita.

È stato allora che mi sono reso conto che eri diverso da me, e che non eri un bambino qualsiasi: eri una persona destinata a diventare molto speciale per me, e i tuoi piedi erano speciali.

La mamma mi ha fatto sedere accanto a lei sul divano, ha aperto la coperta che ti avvolgeva e mi ha permesso di prendere in mano i tuoi piedini. Non mi ha spiegato dettagliatamente che problema avessi, né che avresti dovuto subire un'operazione, ma nella mia mente quel momento è molto chiaro: ricordo la stanza, il divano...

Non ci avevo mai pensato finora, ma credo sia davvero il mio primo ricordo. È stato in quel momento che sei entrato nella mia vita. Prima, probabilmente non mi ero nemmeno reso conto che esistevi...

Ricordo la mamma che saliva le scale portandoti in braccio, e io che camminavo alla sua destra – anzi, ero talmente piccolo che i primi gradini devo averli saliti carponi. Era mattina, erano passate un paio di sue amiche a bere il tè...

Hai visto, Oz, il primo ricordo che ho di te, è anche il primo che ho di me stesso.

Poi mi ritorna in mente il primo paio di gambe, dopo l'operazione: erano dei tubi in fibra di vetro, che dovevano alleviare la pressione sull'osso, con la punta piatta, senza piedi, e con quelle hai imparato a cam-

*minare. Nella casa di Johannesburg avevi la tua stanza, te le mettevi lì e poi venivi in corridoio a fare le prove. È incredibile, ma lo ricordo benissimo... Allora dovevi avere circa un anno e mezzo, e io forse quattro, poi dopo un po' di tempo ricordo che a volte ti aiutavo anch'io a metterti le gambe.*

*La mamma mi mostrava come si faceva: toglieva una specie di cinghia di velcro che avevano in cima, per proteggere il moncherino, e mi spiegava che andava tolta per alleggerire la pressione sull'osso, e mi indicava il punto dove l'osso era stato tolto, e dove si era formato un rigonfiamento. Ero curioso, volevo capire il motivo di quel rigonfiamento.*

*Sono ricordi molto belli: c'è un particolare tipo di affetto, di cura, che si sviluppa quando si è piccoli, e non sai nemmeno perché. In quei primi tempi eri il cocco di tutti. Poi hai dovuto arrangiarti da solo...*

*E sì, credo sia stato più o meno allora che abbiamo cominciato a giocare insieme.*

*All'inizio andavamo matti per le biciclette. Da piccolo tu avevi una biciclettina di plastica bianca e blu, io avevo la mia, legavo una corda alla sella e ti trascinavo in giro. Salivamo e scendevamo le scale, e ti insegnavo tutto quello che sapevo, giocavamo con le macchinine, ci scambiavamo i giocattoli. Se tu ne avevi uno nuovo cercavo di scambiarlo con uno dei miei:*

*bastava convincerti che il mio era più bello! Tanto tu ti fidavi ciecamente di quello che ti dicevo... Bei tempi! Scherzo, chiaro che poi le cose cambino, capita che qualcuno se ne approfitti, e crescendo si diventa più diffidenti.*

*Anzi, Oz, penso che tu sia ancora un ragazzo molto fiducioso, aperto, che non giudica mai le persone in base a un'idea preconcetta, ma al tempo stesso capace di capire le situazioni. Magari la gente fraintende, perché sei gentile con tutti, sempre pronto a chiacchierare. Ma c'è una bella differenza tra condividere informazioni, episodi ed emozioni della propria vita, e aprire l'accesso alla fiducia vera, alla piccola cerchia di persone delle quali ci si fida completamente. In fondo penso che tu sia molto più riservato di quanto sembri a chi non ti conosce bene.*

*E poi credo che fin da bambini sia stato papà a insegnarci a cavarcela sempre da soli, a essere amici con tutti ma non avere bisogno di nessuno, a essere forti. Lui diceva sempre che non voleva bambini «indisciplinati», ma «monelli»... E noi facevamo del nostro meglio per accontentarlo!*

*In realtà era anche severo, soprattutto prima del divorzio, e ci educava in modo molto spartano. Se cercavamo conforto da lui perché avevamo combinato qualche guaio ci diceva: «Non devi piangere, solo le fem-*

minucce piangono». Non si poteva andare da lui a frignare senza motivo, dovevi cavartela da solo. In quei momenti diventava molto duro, anche se in generale era un papà affettuoso: le sue aspettative erano molto alte, e ci incoraggiava sempre a sperimentare, ci spronava a essere coraggiosi, a credere che se ci piaceva fare qualcosa potevamo farla.

Anche quando andavamo sul go-kart che mi aveva costruito lo zio – ti ricordi, non aveva i freni e andava velocissimo e dovevamo usare le tue gambe per fermarlo, consumando una quantità di scarpe pazzesca – quando arrivavamo in fondo eri sempre in lacrime, terrorizzato, però poi ti facevi coraggio e mi dicevi: «Torniamo su, rifacciamolo da capo!».

O quando ci siamo messi in testa di arrampicarci su un muro di mattoni, legati con un tubo di gomma: io salivo, e intanto ti chiedevo: «Oscar, il tubo tiene?» e tu mi rispondevi di sì. Ma naturalmente il tubo non ha tenuto, io sono precipitato dal muro, che sarà stato alto quattro metri, e mi sono rotto un braccio. Tu piangevi più di me, ti sentivi in colpa, ed è toccato a me consolarti.

Poi è venuta la moda dei rollerblade, e tu eri molto più bravo di me. Passavi tutto il tempo sui pattini. Nessuno può togliermi dalla testa che sia stato anche quello a rafforzare i muscoli che ora usi per correre. Nei rollerblade la parte della caviglia è rinforzata, e tu ovviamente non ne avevi bisogno, ma proprio perché non potevi piegare l'articolazione era più difficile infilarli e toglierli. Ti ricordi quando ci mettevamo seduti, con la mamma, ad aiutarti? Ti eri inventato dei movimenti incredibili. Scendevi, decollavi e atterravi sulle ginocchia. Perché le tue ginocchia erano coperte dalla fibra di vetro delle protesi... E poi scivolavi fino in fondo.

Eri un matto. Ci hai messo un po' per imparare a usarli, ma non ti scoraggiavi mai. Non ti lasciavi mortificare da una caduta, anzi.

Durante la crescita, le tue gambe venivano sostituite spesso, ma viste tutte le cadute che facevi, ogni tre mesi bisognava comunque fare aggiustare la parte superiore, perché spaccavi tutto. La mamma ti faceva anche cucire delle toppe speciali sui pantaloni, in un tessuto super-resistente. Ricordo che mi veniva a prendere a scuola e io aspettavo in macchina mentre lei andava dal sarto a farti tagliare e cucire il tessuto per i pantaloni, perché andava rinforzato in certi punti, dove serviva che fossero più resistenti per farli durare un po' di più. Quando ti servivano un paio di pantaloni più eleganti, bisognava sempre programmarlo con molto anticipo: se te ne facevano mettere un paio senza toppe non duravano nemmeno un giorno, macché, un'ora: li bucavi immediatamente. Una *volta dovevamo andare a un matrimonio, e avevi un paio di pantaloni nuovi di zecca, e li hai ridotti subito uno schifo. Perché ti arrampicavi, e cadevi, e il tessuto strisciava anche contro la fibra di vetro delle tue gambe, e si consumava.*

*Ci arrampicavamo sempre dappertutto. Secondo me è così che hai sviluppato quell'equilibrio magnifico. Poi, ti ricordi, le prime protesi in fibra di vetro erano pesantissime. Molto gravose per un bambino così piccolo, portarle in giro era un allenamento continuo. Un peso morto. Hai portato quel tipo di protesi fino a dodici, tredici anni, e mano a mano che crescevi, anche le gambe diventavano più grandi, e più pesanti. Ecco com'è che ti è venuto quel culo da atleta.*

*E ti ricordi quando da piccoli dormivamo nel letto a castello, e ogni volta litigavamo perché tutti e due volevamo quello di sopra, e papà ci faceva fare a turno? Abbiamo smesso quasi subito di usare la scaletta: ci appendevamo al bordo superiore, e ci tiravamo su. Eri forte: su quel letto a castello facevi un sacco di esercizi con le braccia, e questo ti ha sviluppato fin da bambino la muscolatura del torace. Per sederti in cucina ti tiravi su con le braccia e sedevi sul bancone! È stato in quel periodo, vero, che papà ti ha fatto fare due pantofole su misura, in pelle di pecora, perché se faceva troppo freddo la fibra di vetro si fessurava.*

*Quella casa a Honeydew era fantastica, con il giardino dove potevamo andare in bicicletta, o arrampicarci sugli alberi. Se pensi ai bambini di oggi, che crescono in un condominio, che cosa possono fare? Non hanno alberi su cui arrampicarsi. Noi siamo stati fortunati ad avere un padre che lavorasse tanto per mantenerci, e una madre che si occupava con tanto affetto di noi – e tutto per permetterci di vivere in una casa con tanto spazio. E anche se si è trattata solo della prima parte della nostra vita, in fondo dicono che sia la base di tutto. È stato molto bello. Eravamo alleati, no?*

*Poi le cose sono un po' cambiate. La nostra differenza di età, un anno e otto mesi, adesso è quasi irrilevante, ma quando eravamo piccoli, e soprattutto dopo che mamma e papà hanno divorziato, io ho sentito ancora di più il mio ruolo di fratello maggiore, mi sentivo protettivo nei confronti tuoi e di Aimée, ma anche responsabile della vostra disciplina. Per esempio non volevo che tu litigassi con Aimée.*

*Ti ricordi, avevo vinto una borsa di studio, ma ho rinunciato, perché temevo quello che sarebbe successo se vi avessi lasciati soli. Ero anche molto preoccupato per il collegio, temevo che da lì non avrei potuto aiutarti se avessi avuto bisogno di me, perché sarei stato lontano. Quando la mamma si è fidanzata e tu sei entrato in collegio ho pensato che le cose si fossero aggiustate, che finalmente potevo pensare di più alla mia vita, divertirmi un po'.*

*Finché, all'improvviso, non è cambiato tutto.*

*Era il 2002: quell'anno la mamma si era appena risposata, a novembre, ed è stato il primo Natale che abbiamo trascorso senza i nostri genitori, con i nonni e i miei amici del collegio. È stata anche un'estate fantastica, anche se io mi ero preso l'epatite e stavo malissimo. Al ritorno dalle vacanze, la mamma mi ha detto che a dicembre non era stata molto bene: gli stessi sintomi che avevo avuto io con l'epatite. Così il medico ha pensato che il motivo del suo malessere fosse quello. Le hanno fatto l'esame per l'epatite, per tre volte, impiegando due settimane. E durante quelle due settimane lei ha continuato a prendere il farmaco che le stava facendo allergia, e non faceva che peggiorare. Ogni volta che mi parlava, io le dicevo di non preoccuparsi, che anch'io ero stato malissimo per l'epatite, che i sintomi erano gli stessi, e che sarebbe guarita. Ma lei non guariva. Quando si accorsero dell'errore e la ricoverarono, ormai era troppo tardi.*

*Per me questo periodo è stato doppiamente difficile. A lungo mi sono sentito in colpa. Mi sedevo con lei sul bordo del letto a chiacchierare, le preparavo* un tè, lei si lamentava, diceva che non stava bene, e io non facevo che ripeterle di non preoccuparsi, che era capitato anche a me, che anch'io mi ero sentito esattamente nello stesso modo per l'epatite, e che sarebbe passata. Ricordo che un giorno mi ha chiesto: «Ne sei proprio sicuro?». Come se avesse bisogno che la rassicurassi. I sintomi erano davvero identici.

Ancora oggi, credo che il precedente della mia epatite l'abbia distratta, che l'abbia indotta a essere più disattenta, a non impegnarsi come avrebbe dovuto ad analizzare la situazione, cercare di risolverla. Sinceramente, sono convinto che se non fosse stato per la mia malattia, le cose sarebbero andate diversamente. Al tempo stesso, ormai ho capito che si è trattato di un destino tragico. Non è stata colpa di nessuno. Non è una cosa della quale ho parlato spesso con altre persone, so che è irrazionale, ma non riesco a darmi pace. Probabilmente anche perché mi ero sentito così responsabile, mi ero sforzato tanto di comportarmi da adulto dopo il divorzio, e quell'anno lo avevo passato in collegio: la prima volta in cui mi ero lasciato andare, avevo la possibilità di scrollarmi le responsabilità di dosso e fare il ribelle. E bevendo, andando alle feste, non pensando alle conseguenze delle mie azioni, mi ero preso l'epatite.

*Con il senno di poi, non posso fare a meno di pensare che se non mi fossi comportato in quel modo, forse sarebbe andata diversamente. Ma ero molto giovane. Quando si è giovani ci si sforza sempre di trovare una ragione, un motivo del perché succedono le cose. Per me è stata una perdita enorme.*

*Quando la mamma è morta la cosa che mi ha devastato è stata la sensazione che avevo messo per tanto tempo la mia vita in secondo piano, che mi ero sforzato tanto, ma era stato tutto inutile perché lei non c'era più.*

*In quel periodo noi due abbiamo reagito nei modi più diversi: io, dal bambino che ero stato, beneducato, studioso, bene organizzato, che faceva sport, ero diventato un selvaggio, un ribelle, completamente fuori controllo. Bevevo a scuola, facevo a pugni, ero un ragazzino tremendo. Non mi interessava più di niente. È strano, ma era il mio modo di superare il dolore e in qualche modo ha funzionato: in quel periodo sono cresciuto molto. La tua reazione è stata all'opposto: la concentrazione del tuo impegno è diventata più intensa, e ti sei buttato nello sport più di prima.*

*Dopo la morte della mamma, io non volevo più tornare in collegio, non mi andava di vedere nessuno, mentre il tuo primo istinto è stato di rifugiarti dai tuoi amici. Hai voluto tornare in collegio la sera stessa del funerale. E io me la sono presa tantissimo, non riuscivo a capire cosa ti passava per la testa ed ero furioso, soffrivo molto per questo. Non te l'avevo mai detto, vero?*

*Credo che sia stato grazie alla nonna che non ci siamo mai davvero allontanati. È una donna straordinaria, io la adoro, la amo con tutto il cuore, quasi quanto ho voluto bene alla mamma. Quando litigavamo, era lei a convincerci a cercare di capire l'uno il punto di vista dell'altro, fin da bambini. E lo ha fatto anche in quell'occasione. È lei il vero capofamiglia...*

*Ed è stata lei a farci riavvicinare, in un periodo in cui non andavamo affatto d'accordo. Io soffrivo molto, ero in difficoltà, mentre tu sei sempre stato diverso, ti sei appoggiato agli amici, anche se solo per alcune cose. Io non sono così. Ho molti «compagni» – e c'è una grande differenza tra un «compagno» e un «amico». Credo che tutti e tre – tu, Aimée e io – siamo molto riservati, vigiliamo con molta attenzione sui nostri cuori, sui sentimenti. Ma in quei momenti non riuscivo a capire come tu potessi andartene proprio quando avevo così bisogno di te. Per questo, credo, c'è stato un allontanamento, e la morte di nostra madre è diventato un argomento del quale parliamo poco e con difficoltà.*

*La situazione di Aimée era diversa. Dato che noi eravamo al collegio e lei viveva dalla zia Diane, dev'essere stato molto difficile anche per lei. Ci telefonavamo spesso, e ci vedevamo durante i fine settimana.*

*Ma credo che questa cosa ci abbia plasmati. In certe situazioni trovi la tua strada. E anche questo ce l'aveva insegnato la nostra famiglia: se perdi la tua strada, nessuno ti può aiutare a ritrovarla, devi cavartela da solo, ritrovare la tua direzione. Io ci ho messo parecchio tempo. Quando la mamma è morta avevo bisogno di mio fratello, e allo stesso tempo non avevo bisogno di nessuno, perché lei non c'era più, e non mi interessava più di niente. Tu stavi bene al collegio, avevi i tuoi amici, e da quel momento in poi ti sei buttato moltissimo nello sport, mentre prima magari preferivi passare il pomeriggio sulla moto.*

*Anch'io a un certo punto sono tornato a scuola, non avevo un altro posto dove andare. Avrei voluto restare a casa, ma mi sono trasferito anch'io alla Pretoria Boys, perché là c'eri tu, ma con i tuoi amici non mi trovavo bene, li consideravo degli sfigati. E nei primi tempi mi sono anche messo nei guai con il preside. Poi però mi sono adattato, perché ho pensato che se tu eri contento di stare là, allora me lo sarei fatto bastare anch'io. Ma non erano veramente amici miei, non li conoscevo, non mi piacevano.*

*Così in quella fase credo di non essere riuscito a essere presente per te come in passato. Certo, se mi sentivo molto triste parlavo con te, e quando tu ti sentivi triste venivi a cercare me. Ma litigavamo molto, discutevamo, credo fossimo entrambi in difficoltà.*

*Ora le cose sono un po' cambiate, per fortuna. Ci siamo riavvicinati molto, anche se non parliamo spesso di nostra madre, salvo che nelle situazioni in cui siamo davvero molto depressi. È ancora un argomento difficile da affrontare, e abbiamo molto rispetto reciproco. O forse rispetto non è il termine giusto. Direi che si tratta più di pudore.*

*Aimée invece è stata straordinaria. In qualsiasi momento, sappiamo entrambi che possiamo sempre rivolgerci apertamente a lei. Ha affrontato la situazione molto meglio di noi. Credo che per noi due sia stato diverso: ti trovi davanti una persona alla quale vuoi molto bene, e sai che soffre, ma soffre per lo stesso motivo per il quale soffri tu: è una situazione che ti fa sentire disarmato, non sai più cosa fare. Provi disperazione, e non c'è cura, se non il tempo.*

*E anche adesso, spesso parliamo solo delle cose più belle: le tue avventure, le cose magnifiche e nuove che hai visto in giro per il mondo. Cose reali, concrete. La nuova casa, i cani, le ragazze... Della tua carriera, scopro più cose da internet che da te. Non è su* questo che si basa il nostro rapporto. Se succede qualcosa di grosso, so che mi chiamerai. Mi capita di essere a casa, mentre sei all'estero, e vederti in televisione. E rimango sempre sbalordito, mi commuovo, piango di gioia. Mi metto a gridare: «Cazzo, quello è mio fratello!». È una felicità enorme: sono orgoglioso di te.

Altre volte, invece, quando ti vedo tornare da un viaggio, spossato, stanco morto, e hai già mille impegni per i giorni successivi... Quando sali in macchina, ti siedi imbronciato, e ti viene da piangere per la stanchezza, per la frustrazione, allora mi preoccupo. Perché per me tu sarai sempre e solo mio fratello.

Gli altri vedono una star, Oscar Pistorius, l'uomo che ha fatto cose straordinarie. Io vedo un grande atleta, ma soprattutto mio fratello.

La gente pensa che la tua vita sia tutta celebrità e gloria. Ma in realtà io so quanto devi lavorare sodo, che il tuo impegno è terribilmente faticoso. Come quella volta, ricordi, la sera che rientravo da Città del Capo, e appena atterrato, alle undici e un quarto, ho ricevuto una chiamata sul cellulare ed eri tu. Ci sono solo due numeri a cui rispondo sempre, in qualsiasi circostanza: il tuo e quello di Aimée. Quella sera eri arrabbiato, stressato, provato dagli allenamenti, preoccupato per la sentenza che doveva arrivare a *giorni, e mi sono catapultato a casa tua, in piena notte, perché avevi bisogno di parlare, di sfogarti.*

*Ecco, in momenti come quello sono felice di poterti stare vicino. E so che tu faresti lo stesso per me.*

*Qualche giorno fa stavo parlando con un amico. Mi ha chiesto di te, e io ho risposto: «Darei il coglione sinistro per mio fratello». E lui: «Sì, tu probabilmente lo faresti, ma lui non farebbe lo stesso per te». Ma non è così. Io so che anche tu faresti qualsiasi cosa per me. E se anche non fosse, non cambia niente. Non è questione di dare e avere, «se tu fai qualcosa per me io la faccio per te». Dal mio punto di vista, esistono affetti completamente incondizionati. E il nostro è tra quelli.*

Carl

Città del Capo, 6 giugno 2008

*Caro Oscar,*

*ragazzo mio, in questi giorni ti seguo in tv. Sono momenti belli per un padre e spero che un giorno tu possa avere una gioia simile quando toccherà a te.*
   *Stai raccontando la tua storia in un libro, e sono felice di partecipare passando sulla carta un po' dei miei ricordi di te, è anche un modo per ripercorrere la mia vita.*
   *Avevamo già deciso di avere tre bambini prima ancora della nascita di Carl. Io ne avrei voluti anche di più, per avere una famiglia numerosa come quella in cui ero cresciuto, lei rideva spaventata al solo pensiero di poter mettere al mondo una squadra di rugby e tre ci sembrava un buon compromesso. Perché se ci sono solo due bambini, se litigano, a chi possono rivolgersi? Se invece i bambini sono tre, si instaura un equilibrio automatico: non puoi litigare con entrambi i fratelli, ne hai sempre uno per alleato.*

*E potendo scegliere, ma senza farne un dramma, il mio desiderio era che il primogenito fosse un maschio, così sono stato molto felice della nascita di Carl. Alla seconda gravidanza, tua madre è andata dal medico per l'ecografia prenatale e ha saputo che anche tu eri un maschio. Ma io le ho detto che non volevo saperlo, preferivo scoprirlo alla nascita.*

*Quando infine Sheila è entrata in sala parto, il medico mi ha chiesto: «Allora, che cosa preferiresti, maschio o femmina?». E io ho risposto: «Non mi interessa. Purché abbia tutte le dita delle mani e dei piedi, tanto basta».*

*Il destino sa essere terribilmente ironico...*

*Alla tua nascita, da principio né l'ostetrica né il medico si sono resi conto che c'era qualcosa di diverso nei tuoi piedi. Sono stato io ad accorgermene. L'ho visto subito, appena sei nato. E subito ti ho preso dalle mani dell'ostetrica, ti tenevo in braccio mentre tagliavano il cordone ombelicale, e ho detto al medico: «C'è qualcosa di diverso nei suoi piedi». Non ho detto: «Hanno qualcosa che non va», solo che mi sembravano diversi.*

*E quando abbiamo aperto la coperta che ti avvolgeva, e ho rivisto i tuoi piedini, mi sono reso conto che uno dei due era troppo sottile...*

*Quello che ho pensato, in quegli istanti, è la stessa cosa che provo ancora oggi. Quando capita qualcosa di diverso rispetto a quello che ti aspetti – e non voglio usare i termini «normale» o «anormale», lo sai, sono parole che proprio non mi interessano –, devi ricordare che c'è sempre qualcosa di positivo, un'altra faccia della medaglia, cercare di capire qual è, e da quel momento in poi concentrarti solo su quello.*

*E intanto passavamo da un medico all'altro. Abbiamo consultato undici specialisti. A quei tempi era complicato, non c'era internet. Magari sentivamo parlare di uno specialista in America, gli spedivamo un fax, e poi ci veniva il dubbio che il numero non fosse quello giusto, quel dottore non rispondeva per due o tre giorni, probabilmente perché aveva un sacco di impegni, e naturalmente non volevamo irritarlo mandando un fax dopo l'altro, così non eravamo mai sicuri sul da farsi, e ci tanto tempo... In quella situazione hai fretta, vuoi capire le cose, vuoi sapere con chiarezza come stanno.*

*Alla fine, abbiamo ristretto il cerchio a tre professori, e li abbiamo invitati a incontrarsi fra loro, per un consulto diretto. Abbiamo stabilito un giorno e un luogo in cui si sarebbero trovati faccia a faccia, per conoscersi di persona, per confrontarsi... Sono sicuro che lo ricordano ancora oggi. Uno dei tre, lo sai, era*

*Gerry Versveld*. *La loro comune conclusione è stata che per la gamba destra mancavano le strutture ossee, e l'amputazione era assolutamente necessaria, mentre per la sinistra sarebbe stato possibile un intervento di chirurgia ricostruttiva. Ma poi Gerry mi ha parlato di un convegno che si teneva una volta ogni due anni in America, sulle amputazioni bilaterali. Così ho telefonato agli organizzatori e ho detto loro che volevo inviare là un medico con una documentazione fotografica delle gambe di mio figlio, le lastre delle radiografie, tutta la tua cartella clinica.*

*La mia idea ha funzionato: in quella sede si sono confrontati sul nostro caso oltre trecento medici, i migliori del mondo. E la loro conclusione è stata che si dovesse amputare. A quel punto non si poteva più ribattere. Sapevamo di aver fatto tutto il possibile.*

*Ma ci aspettava ancora la parte più difficile.*

*Gerry ci aveva consigliato di eseguire l'amputazione al più presto, prima che cominciassi a camminare, in modo che tu non dovessi mai provare la sensazione di muoverti sui tuoi piedi e in seguito conoscere il trauma di non averli più. E ci aveva spiegato esattamente in cosa consisteva l'operazione: avrebbe amputato all'altezza della caviglia, asportato lo spesso cuscinetto di pelle che ricopre il tallone per trapiantarlo alle estremità dei moncherini in modo da renderle* più resistenti, in grado di sopportare il peso del corpo, e la frizione con le future protesi. Eravamo stati noi a chiedergli di sapere con precisione tutto quello che sarebbe successo, ma ti assicuro, figlio mio, erano pensieri spaventosi, tremendi. Avevi questi piedini delicati, come tutti i bambini piccoli soffrivi tantissimo il solletico. Stavi sdraiato sul lettone, noi ti facevamo le coccole e tu ridevi, ridevi...

L'idea che ti dovessero tagliare i piedi, che li buttassero nella spazzatura, era un incubo che non augurerei al mio peggior nemico.

Poi, grazie al Cielo, l'operazione è andata benissimo e la tua ripresa è stata prodigiosa. Le prime protesi che ti hanno messo non avevano i piedini: sembravano le gambe di legno dei pirati dei film! Correvi sempre, non riuscivi a stare fermo, e per tutta la casa risuonava il ticchettio delle protesi sul pavimento.

Eri forte, allegro, e Sheila – come qualsiasi madre – tendeva istintivamente ad aiutarti quelle rare volte che ti trovavi in difficoltà, mentre io ero convinto che rischiava di farti del male: paradossalmente se ti aiutava troppo non ti aiutava per niente. Io a volte ero costretto a essere molto duro e freddo, in modo che tu potessi trovare in lei il calore e l'affetto, e in me lo sprone. Sono stato più esigente con te che con Carl, per il semplice motivo che tu avresti dovuto affrontare molte più difficoltà: ci sarebbero stati bambini crudeli, a scuola e altrove. I bambini non lo fanno apposta, sono così. E quando fosse capitato, io non sarei stato sempre là per aiutarti, avresti dovuto essere in grado di cavartela da solo.

Quando eri piccolo, se ti succedeva qualcosa io restavo a guardare, non interferivo, ma tu sapevi che la sera ci sarei stato, per riparlarne insieme. Così la sera tu ci raccontavi: tizio ha fatto questo, ha detto quello, e la mamma o il papà ti rispondevano che quel bambino si era comportato così perché non capiva, e che toccava a te spiegargli la situazione. Credo sia per questo che ti sei sentito sempre a tuo agio con tutti.

Tua madre è rimasta di nuovo incinta poco dopo l'operazione, e tu e Carl eravate come due api, sempre indaffarati intorno a lei, ad accarezzarle la pancia, a sentire il bambino che scalciava...

Poi, quando è nata Aimée, eri stupito: «Guarda, ha i piedi!». Noi non ne abbiamo mai fatto un caso. Quando tua madre metteva la bambina in culla, tu sollevavi la coperta, la salutavi con una parola che avevi inventato tu: «Ciao, Gugu», e le baciavi i piedini. Ogni volta Aimée si svegliava e cominciava a piangere. Hai fatto arrabbiare tua madre un sacco di volte, perché lei faceva tanta fatica per addormentarla, e ogni volta tu la svegliavi! Sei sempre stato fatto così:

*quello che facevi ti veniva dal cuore, non ti si poteva impedire, né dirti che era sbagliato. E capivamo che era normale che tu fossi così curioso, ti lasciavamo fare. Ne parlavamo molto tra di noi, dicendoci: il «modello Oscar Pistorius» è esattamente questo, perché Oscar è così, è nato così, dunque dobbiamo attenerci semplicemente a quello che è. Senza cercare di nasconderlo o di cambiarlo. Questo fa tutta la differenza.*

*Per esempio, c'era un'associazione di sostegno per genitori di bambini che avevano subito qualche amputazione, e tua madre e io ci siamo resi conto quasi immediatamente che noi avremmo potuto aiutare loro, mentre loro non potevano fare nulla per noi. Perché è un problema di atteggiamento: è l'atteggiamento dei genitori che crea il problema, non il bambino.*

*Un giorno stavo andando a una riunione di quell'associazione, a Johannesburg, e c'era una signora con sua figlia, una bellissima bambina bionda, sorridente, senza braccia. Io camminavo alle loro spalle, e a un certo punto ho sentito la madre dire: «Passiamo da questa parte, di là ci sono troppe persone che possono vederti». E ho pensato: «Mio Dio, come può dirle una cosa del genere? Il problema non è tua figlia, sei tu». Ne sono rimasto sconvolto. In quel periodo avevo molto da fare, ero impegnato con il lavoro. Sono entrato nella sala e ho detto che avrei partecipato, parlato con i presenti, ma che sarebbe stata l'ultima volta. E ho spiegato loro che il motivo per il quale non sarei più tornato era che tutti quegli adulti seduti là, ad affrontare il problema, costituivano più del novanta per cento del problema stesso.*

*Tu, grazie al Cielo, ti sei sempre sentito perfettamente a tuo agio, sempre orgoglioso di quello che sei. Tutto era naturale per te. Anche quando hai messo le protesi. Erano nuove di zecca, e nel giro di un giorno sembravano già vecchie di due mesi, perché correvi dappertutto, le ammaccavi, poi venivi da noi e dicevi con il tuo sorriso da monello: «Guarda, mi sono fatto un livido».*

*Il tuo sorriso è rimasto lo stesso, figlio mio. E anche la tua forza d'animo, la tua allegria. Ti auguro che quel sorriso resti sempre puro come oggi, e che i tuoi occhi luminosi possano vedere una nuova sfida oltre ogni limite.*

*Papà*

# Ringraziamenti

Gianni Merlo ringrazia:

Aimée Pistorius, Carl Pistorius, Henke Pistorius, Leo Pistorius, per la disponibilità e la grande sincerità che hanno prestato al libro.

Diane Binge, per aver messo a disposizione la sua splendida casa, immense quantità di tè rosso, e aver tolto una per una dagli album e donato al libro le preziose foto di famiglia.

Ampie Louw, per avermi dato l'opportunità di assistere agli allenamenti.

Marco Consonni, Iacopo Destri e Bruno Gattai dello studio Dewey & Le Boeuf, per avermi aiutato a districarmi tra articoli e sentenze.

Elena Cantoni (alle traduzioni audio), Elisabetta Paniccia (alle traduzioni testuali) Maria Teresa

De Feo (alla curatela redazionale di testi e immagini), Angela Lombardo (a TUTTO): una staffetta editoriale con un'energia e una passione pari solo a quelle di Oscar.

E Peet van Zyl, insostituibile, per tutto l'aiuto che ha dato a questo progetto.

# Indice

*Sul podio «divino» dell'umanità*
di Candido Cannavò                                      3

*«Chi perde davvero non è chi arriva ultimo...»*        7

1. Impronte                                             9
2. Freni fuori serie                                   27
3. La principessa e il pugile                          49
4. L'attimo fuggente                                   69
5. L'estate più fredda                                 89
6. La prima volta                                     103
7. Normale e speciale                                 131
8. Golden Boy                                         153
9. Controvento                                        175
10. Il traguardo                                      191

*Una lettera da Carl*                                 211
*Una lettera da papà*                                 227

Ringraziamenti                                        237

Finito di stampare nel mese di giugno 2008
presso Grafica Veneta - via Malcanton, 1 - Trebaseleghe PD